製造業の
現場バイヤーが教える
調達・購買部門の〈業務力向上〉完全ガイド

牧野直哉［著］

B&Tブックス
日刊工業新聞社

はじめに

調達・購買部門の「管理」と「実践」の「溝」を埋め、成果を勝ちとれ！

　多くの企業では調達・購買部門を「管理部門」と位置づけています。製造業では少なくとも30％、多い企業では60％にもなる購入費を「管理」する役割から、そういった位置づけがおこなわれているのでしょう。この傾向は、企業における調達・購買部門の重要性が高まってきた2000年代以降より強くなり、調達・購買部門を管理部門化しています。一方、社内を見まわして、もっとも調達・購買部門と親和性の高い業務は営業部門です。売る側と買う側の大きな立場の違いはあるものの、相手と価値の交換を実現する点では全く同じです。しかしほぼすべての企業で、営業部門を管理部門とは位置づけていません。社内的には管理部門と位置づけられる調達・購買部門の業務内容が、管理部門ではない営業部門と似ている。このギャップを、調達・購買部門のバイヤーは、どのように理解し、埋めればよいのでしょうか。

　その答えが、この本のテーマである「業務力」です。サプライヤの担当者であるヒトとのコミュニケーションをベースにして、自社に有利な結果である購入条件をどうやって引きだすのか。どうやって調達・購買の現場で、効率的に業務をすすめるべきかを書きました。

本文中には、これまで全く気を遣わなかった部分にも言及しています。直接的ではなくても、間接的に調達・購買業務の成果につながる取り組みを、バイヤーの仕事全般にわたって網羅しました。内容的には「そこまでやるの？」と感じる部分もあるでしょう。しかし、調達・購買部門や、企業のサプライチェーンの重要性は、確かに実感を持って高まっています。その期待に応え、次々に到来する難題に答えを出し続ける責任を調達・購買部門が果たすためにはどうするか。「そこまで」やらないと、競合企業と違った成果は出せません。「そこまでやるの？」と思ったら、ぜひやってみてください。これまでと違った成果が、必ず得られるはずです。

2016年　5月
牧野　直哉

もくじ

はじめに ………………………………………………………… i

1章 オフィスの日常業務で必要なバイヤーの基本動作を極める／1

1. バイヤーはデスクで「武器」を準備する ……………… 2
2. 上司との会話から社内の最新情報を入手する ………… 6
3. サプライヤの来訪を徹底活用する …………………… 12
4. 見積書の効率的な読み方を学ぶ ……………………… 16
5. 注文書を発行するとき ………………………………… 20

2章 会議・打ち合わせの日常業務で必要なバイヤーの基礎知識を身につける／25

1. 会議を主催するとき …………………………………… 26
2. 会議に呼ばれたとき …………………………………… 29
3. 会議に上司と出席するとき …………………………… 31
4. 部門内で打ち合わせるとき …………………………… 34
5. サプライヤが会議に出席するとき …………………… 37
6. 定期開催の会議に出席するとき ……………………… 40
7. 一人になりたいとき …………………………………… 42

3章 社内関連部門との連携と注力ポイント／45

1. 営業／サービス部門との関係 ………………………… 48
2. 設計・技術部門との関係 ……………………………… 51
3. 生産管理部門との関係 ………………………………… 55
4. 購入要求部門との関係 ………………………………… 59
5. 製造部門との関係 ……………………………………… 63
6. 物流部門との関係 ……………………………………… 67
7. 品質管理部門との関係 ………………………………… 71

8. 管理（サポート）部門との関係 ……………………………… 75
　　9. 対等な社内地位の確立を目指して ……………………………… 79

4章 サプライヤ訪問効果を最大化する／81

　　1. 会議室・応接室にて ……………………………………… 85
　　2. 工場見学にて ……………………………………………… 89
　　3. 監査にて …………………………………………………… 93
　　4. 立会検査にて ……………………………………………… 96
　　5. コストダウン打ち合わせのとき ………………………… 99
　　6. トラブル処理では、利己的にサプライヤを守れ！ …… 103
　　7. 納期を繰り上げるとき …………………………………… 108
　　8. サプライヤ幹部へのご挨拶を工夫する ………………… 112
　　9. サプライヤの営業所・事務所へ行ってみる …………… 114

5章 非日常的な状況には「対応」で差をつけ生き残る！／117

　　1. 取引辞退の申し出を受けたとき ………………………… 118
　　2. 顧客におわびするとき …………………………………… 122
　　3. サプライヤにおわびするとき …………………………… 125
　　4. 記念式典に出席するとき ………………………………… 128
　　5. 強気なサプライヤに対処するとき ……………………… 131
　　6. 災害に遭遇したとき ……………………………………… 134
　　7. 考える道筋と判断 ………………………………………… 137

6章 〈資料編〉見積依頼・交渉準備／141

　　1. 見積依頼 …………………………………………………… 142
　　2. 交渉準備 …………………………………………………… 148

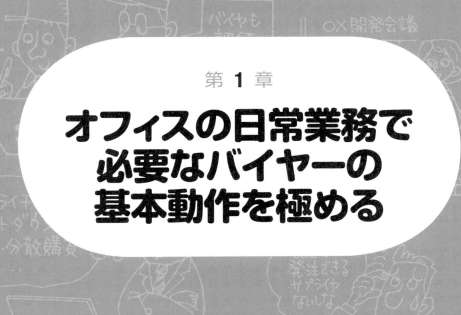

第 1 章

オフィスの日常業務で必要なバイヤーの基本動作を極める

1. バイヤーはデスクで「武器」を準備する

　バイヤーがふだん仕事をするデスクに、自社の最大限の購買力を発揮するために、どのような機能を持たせるべきでしょうか。バイヤーがサプライヤとおこなう商談は、主に自社にサプライヤの担当者が来訪しておこなわれます。自社をホーム、サプライヤ訪問がアウェイとすれば、過半数以上の打ち合わせや交渉の機会がホームでの戦いです。一般にホームでの戦いは、どんなスポーツ競技でも有利と言われています。営業部門ともっとも大きな違いは、自分に有利なホーム環境で過半数以上の商談をこなせる点です。バイヤーは、戦いの主戦場である自社へのサプライヤ来訪時にこそ、もっとも購買力を最大化してサプライヤを攻略し、自社に有利な取引条件を確保しなければなりません。

① パソコンで武器を準備する方法

　今やビジネスパーソンの日常業務には欠かせないパソコン。その能力と機能は進化を重ねています。しかしパソコンはまだ状況判断と意志決定ができません。したがって、パソコンを使い倒すためには、バイヤーがおこなう状況判断に活用する情報収集と、収集した情報を分析し、意志決定へ活用が必要です。
　ここで、パソコンのモニターの画面を例に、バイヤーに必要な五つの画面をご紹介します（図1-1）。

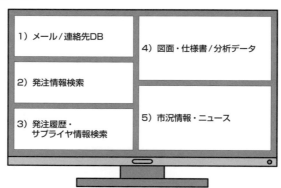

図1-1　バイヤーに必要な画面構成

(1) メール/連絡先DB

　社内外のコミュニケーションに活用するメールの送受信と、サプライヤの関係者から受け取った名刺の情報をデータ化して、電話番号や住所といった連絡先を参照する画面です。最近では無料で名刺のデータ化をおこなうサービスもありますし、メールソフトに装備されている検索機能を活用すれば、過去の社内やサプライヤのコミュニケーション経緯の確認が可能です。これは、最新のコミュニケーションに加えて、過去の経緯を踏まえた継続性のある業務遂行と、連絡先や過去の経緯を探す手間と時間を最少化し、日々の取り組みに効率的に活用される画面です。

(2) 発注情報検索

　この画面は、最新の発注状況を確認する画面です。発注残や近い将来の発注情報を確認します。各企業で設定された部品番号や品番で確認し、サプライヤからの日常的な問い合わせに備えます。

(3) 発注履歴検索

　この画面は、過去の発注情報を検索し最新の交渉や注文書の発行に活用する画面です。また、サプライヤとの取引基本契約内容の確認や、新規採用時や継続審査時にサプライヤから入手した情報の参照にも活用します。この画面もサプライヤとのコミュニケーションに活用し、サプライヤへの発注方針を検討する際に必要なデータ入手をおこないます。

(4) 図面・仕様書/分析データ

　この画面は、自社で発注する内容を確認するための情報を入手します。図面や仕様書が電子データで検索できる環境があれば、紙に印刷する必要はありません。データ形式がPDFであれば、ちょっとしたメモや注記が電子データ上で残せます。ここでは、価格を決定する際の根拠となる、バイヤーにとってもっとも重要な情報を参照するために、五つの画面の中で最も大きなスペースを割いています。

(5) 市況情報・ニュース

　購入品に、市況変動がある原材料が含まれる場合や、最新の経営環境に影響するニュースを確認するための画面です。市況情報の入手は、一定の頻度で同じ情報ソースのデータを繰り返し参照する「定点観測」をおこないます。参照した時点の数値だけでは、高いのか安いのか、将来的にどのような見通しがあって、購入活動に影響があるのかどうかは判断できません。情報源を決めたら継続的にデ

ータをチェックします。またこの画面は、誰もが知っている情報を自分だけ知らない事態を避ける目的もあります。情報を入手できなかったばっかりに、あやまった意志決定をしてしまう事態を回避するためにも、担当する購入品の需給や価格に影響する情報をインターネットを活用して入手します（**図1-2**）。

　最近では、27インチの大きな画面のパソコンモニターの価格も下がっています。ノートパソコンを使用している場合でも、外部モニターの接続機能を活用して、広いパソコン画面上の作業環境を確保します。また（2）（3）（4）のデータベースの整備が遅れている場合は、調達・購買部門の業務効率化に大きな影響を与える事態ですので、上位者や社内IT部門に改善を要請します。

インターネットでグラフが入手できる場合は、グラフを参照して、トレンドを理解し、自社の購入品価格への影響を探る

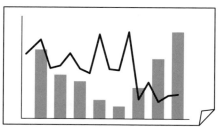

数値情報しか入手できない場合は、日々確認した数値を蓄積して、自分でグラフ化してトレンドを掌握する

図1-2　市況データは「定点観測」で継続的にチェックする

② データの効果的な取り扱い方法

(5)の画面で入手する市況データは数値情報です。現在ビジネスパーソンが触れる情報量は極めて大量になっており、最新の数値による価格情報だけを入手しても、過去の価格がなければ活用できません。そんなときは、パソコンソフトを活用して、数値情報をグラフ化します。多くのビジネスパーソンが活用する情報であれば、グラフで入手が可能です。世の中にグラフ化した情報がない場合は、入手した情報を蓄積して、バイヤーの実務に活用できるデータにします。

③ アウェイに備える

近年の調達・購買業務は、バイヤーが自社にとどまらずに、サプライヤへの訪問頻度を上げる方向に進化しています。パソコンと機密保持が可能な通信手段、携帯電話を確保すれば、社外でも社内と同じような業務遂行が可能です。外出する頻度が増えたといっても、まだ社内で業務に当たる機会が多いでしょう。社内では業務遂行に必要なデータの整備をおこなって、社外でサプライヤと対峙した際には、もっぱらデータの参照をおこなうといったスタイルで、自社内と同じ業務環境を実現させます。こういった環境の準備は、サプライヤとの折衝・交渉準備の日常化につながり、社内と社外でおこなうバイヤーの業務品質格差の解消へとつながります。いつでもどこでもパソコンや携帯電話と自社の機密情報を守る通信手段を確保して、滞りのないスピーディーな業務遂行を実現しましょう（図1-3）。

図1-3　データ整備の必要性

2. 上司との会話から社内の最新情報を入手する

　企業内で調達・購買活動をおこなう場合、上位者とのコミュニケーションは欠かせません。部下の立場で、上司とコミュニケーションするポイントを考えます。

① 上司に理解してもらう取り組み

　上司だけでなく、人間関係には良し悪しが存在します。すべての人間関係に共通する考え方は、人間関係が悪い場合、その原因の半分は自分自身にあるとの点です。人間関係が良ければ、会社生活は楽しくなります。一方、人間関係がしっくりいっていない職場では、気分だけでなく雰囲気も悪くなってしまいます。どんな人間関係でも、問題が相手にだけあるとしてしまうと、改善も相手次第になり、結果的に改善できなくなってしまいます。最低半分は存在する自分の責任範囲で、上司とも相互理解を促す対処をおこないます。

　現在のあなたの担当業務は、あなたの上司にも同じ担当経験がありますか。調達・購買部門だったら、同じサプライヤや、購入カテゴリーを経験していれば、あなたの業務内容を理解している可能性が高くなります。ただし、ビジネスの環境は刻々と変化しており、上司がおこなっていた時代と現代は同じ環境ではありません。環境変化による軌道修正部分は、上司に積極的に報告します。具体的には、自社の要求内容の変化や、購入数量の変化といった自社の変化要因。そして、原材料費や為替レートの変動に象徴される外部要因の変動にともなって発生する影響です。自社の購入に与えた、あるいは与えるであろう影響を伝えます（図1-4）。

　上司があなたと同じ仕事を過去に担当していても、現在の詳細状況は理解していません。上司は過去の経験にもとづいて、今の問題を判断します。上司と部下の認識のギャップは、多くの場合、過去と現在のシンプルなギャップが問題なのです。こういった状況を改善するには、上位者の経験の上書きを目的に、重要な点だけでも、上司に「変化点」として報告します。

　今の担当業務を過去に上司が経験していない場合です。例えば、調達・購買部門の上位者に、他部門の出身者が異動してきた状況を想定します。もし発注金額

図1-4　上司への報告

といった決済基準で、異動してきた上位者に初めて承認を求める場合は、仕事に関連した背景や、金額のほか、決裁を求める根拠を説明します。

　他部門から異動してきた上司の立場に立ってみます。調達・購買部門の業務内容に理解がある人は、極めて少ないでしょう。買い物なんて誰でもできるといった認識をもって異動してくる場合もあるでしょう。あるいは、決裁するにも基準がわからないと、真摯（しんし）に説明を求める場合も想定されます。上司が理解していない場合、部下は説明しなければなりません。もし、上司が自分をわかってくれないと考えたら、自分は理解できるように説明しているかと確認しなければなりません。

②　「聞いている」を態度で示す

　いくら説明したいと思っても、あなたの発言に上司は聞く耳を持っているでしょうか。既に「わかってくれない」と、上司に理解がないと思いこんでいる場合は、あなたの発言に耳を傾けようとする意志を持っていないかもしれません。

　この場合、なぜそのように至ったのかを追求しても、改善策は生まれません。それより、これからの行動で示します。上司に話を聞いてほしいのなら、まず自ら上司の話に耳を傾け、指示内容を的確に実行します。話を聞く、まさにその瞬

間は、上司と目を合わせ、返事やうなずきによって「聞いている、理解している」と、上司に伝えます（図1-5）。その上で、理解できない点があれば、質問すればよいのです。質問は、別章で詳細に述べます。

　聞いている態度を一歩進めて、上司から好意をもってもらうには、どうすればよいでしょうか。企業の現場では「ミラーリング」が活用できます。これは「同調動作」と呼ばれ、相手を鏡で映したように同じ動作をします。同じ動作をされた相手に好意を抱く効果があると言われています。好きな相手のまねをした経験はあるはずです。その効果を活用します。

話を聞いて、指示内容を理解し、行動にも反映していると報告
⇒聞いている姿勢をアピール

図1-5　指示内容の理解をアピールする

③　質問をする

　話を聞いてもらえる相手であれば、質問して相互理解を深める方法もあります。話の内容の再確認や、上司の指示によって、自分が行動する場合に、わからない点を確認します。上司もかつてはあなたと同じ、別の上司の部下でした。だから、現在の部下の状況を理解していると考えるのは大まちがいです。立場が変われば、別の視点や、考え方を持つのは当然です。

　質問すると「そんなこと、自分で考えろ」といったキツい反応があるかもしれません。わからないから質問したのですが、残念ながら上司も同じくわからなかったので、そのような高圧的な答えになったと考えます。そして「自分で考えろ」とは、自分で好きなように判断してよいと理解します。ここで注意するのは、だ

から勝手にやってしまうのでなく、自分で考えた対策を上司に提案します。このような進め方でよろしいでしょうか、と質問すれば、内容より態度であなたへの好感がアップする可能性が高くなります（図1-6）。

図1-6　具体的な質問をする

④　NGフレーズ

(1)「メールで送ってあります」

　一般的に上司は人数が少なくなります。あなたの上司には、部下が5名いるとしましょう。上司には、あなたの5倍ものメールが送られている可能性があります。したがって、メールの内容をあなたと同じように理解しているかどうかわかりません。過去のメールのやり取りの結果、結論があるわけです。上司であれば、結論と同時に、なぜそのように至った経緯が気になります。

　上司から経緯や理由を尋ねられたときに「メールで送ってあります」と答えるのは絶対に避けましょう。多くの場合、上司にもメールが送付されています。しかし、上司とあなたでは、経緯の理解度が異なります。多くのメールの中から、理由が明記された一通を探しだすよりも、わかる人に聞くのは当然です。理由を聞かれた時点で、あなたの過去の説明は上司によって不十分な内容であったと考えるべきです。企業内で、立場が違えば、読むメールの内容と、主体的に対応する仕事が異なって当然です。「メールを送ってあります」と答えないで済む先回りした対応を心掛けます（図1-7）。具体的には、結論の根拠を三つ程度の理由にまとめ、箇条書きで付けくわえます。

図1-7 「メールで送ってあります」はタブー

(2)「前と言っていることが違います」

　これも、上司への不満で頻出するフレーズです。実際にこういった局面で、前言と違う指示に途方に暮れる場合もあるでしょう。しかし、よく考えてみます。前と言っている内容が違うから不満に感じるのでしょうか。企業の経営環境は、刻々と変化しています。何らかの変化によって、前言を撤回しなければならない状況は、上司のみならず、バイヤーがサプライヤに対しても十分に想定できます。この事例は、なぜ変化したのか、その理由がないときに発生します。したがって、前回と今回の言っている内容が違う「理由」を質問します（**図1-8**）。

図1-8 「前と言っていることが違います」もタブー

（3）思いつき発言

　実情を知らずに思いつきで発言をする上司も多いですね。しかし、アイデアは「思いつき」以外の何物でもありません。思いつきに拒絶反応を起こしたら、それは、あなたにとって想定外だった内容を、上司が気づかせてくれたのです。とてもラッキーな瞬間です。

　しかし「思いつき」なので、実態と大きく乖離（かいり）しているケースもあるでしょう。思いつきを採用できないのかといった分析と検証をおこなえば、リスクが減ったり、より大きな効果が生まれたりする場合もあります。したがって、思いつき発言は、立ち止まる瞬間と考え、できるだけ短い時間で思いつきを具体化するかどうかを見極めます。

　また、上司は自分達とは異なる情報源をもっています。自分達にとっては「思いつき」であっても、上司には何らかの確固たる背景や経緯があるかもしれません。そういった自分が理由を知らない、あるいは理解していないだけかもしれない可能性を踏まえ、上司に質問して背景や経緯を確認しましょう（図1-9）。

図1-9 上司の思いつき発言は「気づき」とする

3. サプライヤの来訪を徹底活用する

　バイヤーの元には、たくさんのサプライヤの営業パーソンが来訪します。わざわざ時間を割いてくれた貴重な機会をどのように活用するかバイヤーの生みだす効果に大きく関係します。優秀なバイヤーの元にはたくさんのサプライヤから営業パーソンが訪れ、そのバイヤーは多忙でも上手にコミュニケーションをおこなって、業務の効率化や成果の最大化につなげています。メールや携帯電話といったコミュニケーションツールの活用が進んでも、直接面談する意議の重要性は失われていません。電話やメールよりも、貴重な機会となるサプライヤ来訪を有効活用します。

① 笑顔で迎える

　「笑顔」には、問題を乗り越え、解決に導いたり、新陳代謝や血液の循環をうながし、免疫機能を活性化したりする効果が得られます。そんな効果的な「笑顔」を、バイヤーと営業パーソンの関係性向上に活用しない手はありません。サプライヤの来訪時に、営業パーソンを笑顔で迎えるのは、相手を笑顔にし、リラックスさせる目的があります。両者は、価格に代表されるさまざまな取引条件を腹に抱え、お互いが探り合い対峙する関係です。お互いそういったやり取りが必要な場面もあるでしょう。しかし、腹を割って、胸襟を開き話し合ってこそ相互理解が進みます。二つの場面を想定して「笑顔」の効用を理解します。

　バイヤー企業のメリットにつながる話をサプライヤの担当者が持ってきた場合、バイヤーの笑顔によって、顧客満足を高められたと理解するでしょう。逆に、バイヤー企業にはデメリットになる話をしなければならない場合、バイヤーの笑顔は、話を切りだす「きっかけ」になるでしょう。バイヤーは、耳の痛い話ほど、早期に入手しなければなりません。デメリットにつながる話も早期に入手し対応すれば、被害を最小限にくい止められるのです。

　営業パーソンを笑顔で迎えるにはどうすればよいか。会った瞬間に「本日はおいでくださり、ありがとうございます」と、来訪に感謝の意を言葉で表します。感謝の意をぶぜんとした表情で言い表すのはかなり難しいものです（図1-10）。

図1-10 感謝の意を笑顔で表す

② やって来た理由によって「場」を設定する

　事前にアポイントがあり、かつ要件を理解している場合です。いつもの営業パーソン以外も同行者がいる場合は、営業パーソンへの尊敬の念を、設定する場所と対応で表現します。可能であれば、応接室を準備します。上位の役職者が同行する場合はもちろん、設計や生産の技術者が同行する場合も、同じように対応します（図1-11）。

　サプライヤの営業パーソンは、サプライヤの社内でどんな役割を担うのかを改めて考えてみます。バイヤー企業の意向や、バイヤーの発言を、サプライヤ社内や関連部門へ伝える役割です。その役割を最大限発揮するために、営業パーソンにはサプライヤ社内で発言力を持ってもらわなければなりません。バイヤー企業に尊重されているとの印象を、営業パーソンの同僚や上司に植え付けるのは、サプライヤ社内で営業パーソンの発言力の裏付けになります。皆さんの勤務先でも、顧客に信用され尊重されている営業パーソンは、社内で発言力をもっていませんか。場所の設定は、信用や尊重を表す重要な要素なのです。

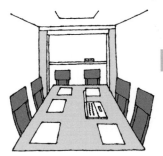

会議室で着席
・特別な目的
（新技術の紹介等）
・大人数
・いつもと異なる依頼

実施内容に応じて、場所を変える
⇒目的に応じた設備確保と雰囲気作り

打ち合わせ机
・定例の打ち合わせ
・営業パーソン単独で来訪
・テーマは日常業務

図1-11 お客への場の設定

③ アポなし来訪はどうするか

　アポなしの訪問者への対応は、バイヤーによって意見が分かれる問題です。会うバイヤー、会わないバイヤー。いずれにも相応の理由があります。突然の来訪者に、自分のスケジュールを変更してまで会う必要はありません。しかし、アポなしの訪問者に絶対に会わないと決めてしまうのも、少し極論に感じます。

　アポなしの訪問者に会わないとの主張にも、妥当性はあります。まず、ビジネスのセオリーとして、事前にアポイントメントの取得は必要です。営業パーソンだけでなく、バイヤーも相手の都合を考えて行動しなければなりません。

　そして、こんな目的でアポなし訪問をするケースもあります。営業パーソンとバイヤーの間では、取引条件をめぐった交渉がおこなわれます。交渉には、十分な準備が必要です。準備をさせない目的で、アポなし訪問をする場合があります。まさに奇襲攻撃そのものです。

　アポなしで訪問を受けた場合、どんなに忙しくても数分の時間は割けるはずです。その数分間を利用して、訪問の真意をただします。先約がある場合でも、必要性を感じれば、面談時間の調整をおこないます。もしかすると、自社の将来に

大きく影響する重要な話をもってきている場合もあります。そういったチャンスを逃さないためにも、柔軟性を持った対応が必要です。サプライヤの担当者も、アポなしで重要な話を持ってきたら、一時間くらいは待つはずです。そういった可能性を見極める余裕と柔軟性は、バイヤーに必要です（**図1-12**）。

アポなし訪問は、訪問目的の確認だけでも、数分を割いておこなう。目的によって、当日おこなうか、日を改めるかだけでも判断する
⇒なにか重要な話を持ってきている可能性を探るだけの柔軟性は持っておく

図1-12 アポ無し訪問への対応

4. 見積書の効率的な読み方を学ぶ

バイヤーが目を通し、作業する機会の多い書類は、サプライヤから提示された見積書です。しかし、見積書といっても、その体裁や記載内容はサプライヤによってさまざまです。ここでは、サプライヤから見積書が提出されたときに、必ずおこなう確認事項を踏まえて、効率的に内容確認をおこなう方法を学びます。

① 見積書の確認内容を減らしてラクする仕組み作り

見積書を入手したら、どんなバイヤーでもまず価格を確認します。そして、想定された価格との対比で、高い、あるいは安いと判断する、ときには一喜一憂するでしょう。しかし、見積書を受け取り、価格を見ただけでは、実は一喜一憂できないはずです。提示された見積価格の条件を確認しなければ、高い/安い判断はできません。

バイヤーは、とても多くの見積書を受けとります。多くの見積書をいちいち詳細条件まで確認するのは難しい、そんな現実に直面しているバイヤーも多いはずです。そういった問題へ対処するために、見積内容を効率的に確認する仕組み作りが必要となります。まず、既に多くの調達・購買部門でおこなわれている取引基本契約を活用した取り組みです。取引をするために最低限サプライヤに順守してほしい内容を網羅した取引基本契約によって、見積書受領時の確認内容も簡略化できます。具体的に見積内容の確認を簡略化するには、見積依頼内容を分割して考えます。

見積依頼には、次の10項目の情報が含まれます。
[1] 購入仕様（仕様書、図面）
[2] 購入する量（購入する期間）
[3] 希望する納期（リードタイム）
[4] 納入条件（納品場所）
[5] 品質条件（保証期間）
[6] 支払い条件（期日、手段）、特別な要求

[7]　発注先決定スケジュール
[8]　見積提出日
[9]　見積提出に必要な添付物（明細）
[10]　問い合わせ先

この項目を、確認方法によって分けます。

A　取引基本契約によって網羅される項目：[4]、[5]、[6]
B　見積依頼に対応した情報発信：[7]、[10]

これらA、Bに含まれる項目は、サプライヤと取引基本契約を締結しているサプライヤでは、すでに合意されている内容になります。また、サプライヤへの情報提供の項目まで除けば、見積依頼に明記している内容の半分は、取引基本契約によって担保されていると判断できます。こういった項目は、すでに合意しており、見積書を入手したタイミングで確認は必要ありません。見積依頼書に記載する[1]購入仕様に、取引基本契約内容が含まれる旨を記載し、入手後に念のため一言確認をおこないます（**図1-13**）。

見積依頼書　記載内容	確認方法	確認頻度
(1) 購入仕様（仕様書、図面）	購入要求部門から提示された仕様書や図面を読みサプライヤの見積書の内容と対比させて、含んでいるかどうかを確認する。購入頻度の高い製品は、あらかじめ確認項目をまとめたチェックシートを準備する	見積依頼の都度確認する
(2) 購入する量（購入する期間）	営業や生産計画から提示された購入見通し数量が、見積依頼をおこなったサプライヤで対応可能かどうか、対応能力を確認する	
(3) 希望する納期（リードタイム）	顧客要求／市場ニーズから算出した調達リードタイム。もしくは、類似製品と同レベルの調達リードタイム。	
(4) 納入条件（納品場所）	納入する場所。通常は自社の納品場	取引基本契約で合意する
(5) 品質条件（保証期間）	サプライヤに順守してもらう品質レベル	
(6) 支払い条件（期日、手段）、特別な要求	対価の支払い日と方法	
(7) 発注先決定スケジュール	条件が合致した場合に、初回品を発注する見通し	見積依頼の都度確認／連絡する
(8) 見積提出日	見積書を提出してほしい日	
(9) 見積提出に必要な添付物（明細）	見積書と一緒に提出して欲しい資料	
(10) 問い合わせ先	見積依頼内容の問い合わせ先、調達・購買部門と購入要求部門の担当者名を明記	

図1-13　見積依頼書に記載すべき内容と、記載方法、確認頻度まとめ

②　価格以外の条件を押さえる

　購入内容は、見積依頼内容によってさまざまな内容となるでしょう。したがって、いろいろな見積に基づいた購入契約を、取引基本契約内容だけで、取引全体を正しく管理するのは困難です。そこで、①に示した10項目のうち取引基本契約に網羅されていない、［1］購入仕様（仕様書、図面）、［2］購入仕様（仕様書、図面）、［3］希望する納期（リードタイム）、［8］見積提出日、［9］見積提出に必要な添付物（明細）の5つのポイントで購買案件ごとに確保すべき内容を確認します。

　取引基本契約で網羅される内容は、Q：品質、C：コスト、D：納期です。見積書の内容を評価する場合は、この基本に加え購入対象によって押さえなければならない点を確認します。類似品を含め同じ性格を持つ、あるいは類似した製品の見積書を評価する場合は、見積依頼内容や、過去の購入実績をもとにしてチェックリストを作成し、見積内容の評価・確認に活用します。チェックリストは、見積依頼内容を理解すると同時に、見積書に網羅されなければならないポイントの一覧表としてあらかじめ作成をしておきます。

③　見積依頼内容が網羅されているかどうかがポイント

　見積書の確認は、見積依頼書の内容が網羅されているかどうかの見極めです。確認をやりやすくするためには、あらかじめ作成したチェックシートをサプライヤに自己評価させ提出させる手段もあります。また見積書に含まれる内容をわかりやすく示した資料を提出させて、自社とサプライヤの思い違いを防ぎます。さまざまなツールを活用して、見積書に記載された金額には、どういった内容が含まれているのかを確認します。

　複数のサプライヤへ見積依頼をおこなう場合は、より見積に含まれる内容をわかりやすく比較できなければなりません。見積条件にあらかじめ自社指定の見積書フォームに記入させる手段もあります。同じフォームに見積内容を確認して記載してもらえば、バイヤー側の手間を減らす有効な手段です。

　見積依頼書の内容を、わかりやすく細部まで確認する作業は大きな手間です。見積書の内容を簡単に理解し、的確な発注先を選定するためには、見積提出後の作業ではなく、見積依頼にもっと時間を割くべきです。実際の現場では、見積依頼書の内容に費やす時間の猶予などなく、最低限の記載内容でメール、あるいは

FAX一枚で依頼をおこなうケースもあるでしょう。しかし、そこで時間を削減しても、後々相応の時間を費やさないと、適切な発注先の選定が難しくなるのであれば、時間を費やすポイントを前倒しします。できるだけ短時間で最大の効果を求めるために、見積依頼に必要な10の項目を自社内関係部門の共通認識にするとともに、頻出購入品の確認ポイントの明確化と、チェックシートの事前作成によって見積確認に時間を費やさないプロセスを整備します。

5. 注文書を発行するとき

　サプライヤの選定が終了し、発注先が決定したら、注文書を作成しサプライヤに送付します。このプロセスは、社内の承認権限の問題や、発行までのプロセスが、各社によって大きく異なる部分でもあります。調達・購買部門の業務は、注文書を発行して終了ではなく、注文書によって示される自社の意志が、サプライヤにしっかり届いているのか、サプライヤが注文内容を理解し、注文書通りにサプライヤから納入がおこなわれて、初めて責任が全うされます。

① 注文内容の明確化

　注文書（発注書）を発行する場合、大前提として、バイヤー企業視点で注文書の内容から不明確さを徹底的に排除します。見積書を受領したとき、そして見積依頼書の作成するときに、時間や手間をかけてさまざまな確認をおこなってきたはずです。その内容を注文書、あるいは注文内容を示す仕様書や図面にすべて表現できているかどうかを確認します（**図1-14**）。

　しかしこんなケースも、実務上ではやむを得ず想定されるでしょう。注文内容にはまだ確定していない部分がある、内容を構成する一部の材料か部品が長納期品であり、手配期限が迫っている。現在検討中の内容がどのような結果に至っても、長納期品は必要となる、こういった場合です。この場合、どう対応すればよいでしょうか。

　長納期品のみ注文書を発行する方法が、もっとも注文範囲がすっきり確定する方法です。しかし一部の内容が不確定のまま、全体を手配するケースも存在するはずです。本来あってはならない手配ですが、実務的には十分想定内です。こういった注文書発行に必要な前作業が不十分の場合は、不確定な点を明確にして、注文書を発行します。注文書には、どこが決まっていないのかを明確に記載します。このように書くと、決まっていない部分があるのに、注文書発行に必要な価格が決められるのかとの疑念が湧きます。そしてサプライヤからこう言われます。「未確定部分がどのような結果に至っても、価格は同じです」。こういった発言は、注文書の発行を早めたいバイヤーには、有り難い発言です。しかし、手放しでそ

発注書

●●株式会社　　　　　　　　　　　　　　　　　　2016年3月22日

■下記の通り発注致します。

注文内容			
社名	未来調達株式会社		
住所	〒999-999　東京都千代田区●●町９９９－９９		
電話番号	03-●●●●-●●●	FAX番号	03-●●●●-●●●
担当部署	営業部	役職名	
担当者	坂口様		
発注品目	部品番号９８９８９－Ａ９８９８　※ただし、機能確認は除外する（検討中）		
納期	2016年6月13日		
特記事項	本注文書に記載なき内容は、取引基本契約書に準じる		

発注内容に不明確な内容がある場合には、その部分を特定して発注から除外する

図1-14　注文書内容の確認

ういった言葉をうのみにするのではなく、どういった結論が想定されるのか。どういった点で確定できないのかを、理解した上で注文書を発行します。また、いつまでに決定するのか。決定にはバイヤー企業内の作業だけでよいのか、それともサプライヤのサポートが必要なのか。こういった点も含めて確認し、最終的な注文内容の確定までのプロセス管理をおこないます。

未確定部分をそのままにして、後に納期的なトラブルを発生させないためにも、最終的かつ正しい内容の注文書発行まで、確実にフォローします。

②　注文書の発行に必要な社内条件を確認する

注文書の内容が明確になったら、発行プロセスへと移行します。注文書の発行は、企業ごとにルールが設定されています。企業における購入は、個人の購入とは異なり、購入決定に必要となる意志決定が分散されています。

購入要求部門の依頼は、ただしく管理者によって承認されているか。購入額に

よっては、上位役職者の承認を得ているかどうかの確認も必要です。また、調達・購買部門内でも、注文書の決裁権限が、注文金額によって設定されているはずです。発行する注文内容によって、正しい手順で進められているかを確認します。

調達・購買部門では、自分たちが欲しいモノを自由に購入できません。購入に際したルールは、調達・購買部門が率先して順守します（**図1-15**）。

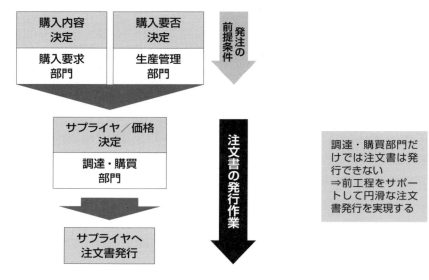

図1-15　注文書発行の社内条件確認

③　社内ルールで注文書が発行できないとき

　サプライヤには注文書を発行したい、あるいは注文する意志を表明したいにもかかわらず、社内関連部門の手続きが完了せずに、注文書が発行できない事態もあるでしょう。一方で、納期的な制約が存在する。調達・購買部門としては、顧客との契約納期が守れないといった後々のトラブル回避を目的に早急に注文書を発行したい。こういった場合に備えて、サプライヤへの注文する意思表示となる内示する方法も、あらかじめ設定しておきます。

　内示とは、非公式な通知で、もともとは人事異動で使用される言葉です。なぜ、内示がおこなわれるのか。異動者の準備をうながすといった意味があります。こ

ういった意味や使い方から派生して、バイヤー企業がサプライヤに対して、発注する意志を伝える手段として活用します。サプライヤに準備をうながし、自社の顧客との契約を守るのが目的です。顧客との契約内容に応じた、適切な内示の発行方法を学びます。

(1) 量産品を繰り返し購入する場合の「内示」

この場合は、繰り返し購入する量産品の先行手配をうながし、サプライヤ側での生産計画の立案と、その結果である円滑な納入を期待します。納期前の一定期間の到来をもって、正式な注文書を発行します。自社の何らかの都合により、内示した後に購入を停止する場合は、サプライヤで在庫が残らないように内示分の購入を含めた調整をおこなって、内示のもつサプライヤへの影響力を保ちます。

(2) 購入品を構成する一部が長納期品である場合の「内示」

これは前記②の、もう一つの対応策です。何らかの要素によって、注文書が発行できない場合、サプライヤへ発注する意志を示すための「内示」です。サプライヤで製作する際、詳細技術検討が必要な場合に、サプライヤでの作業を進めるきっかけにも活用できます。

いずれのケースでも「内示」した後、サプライヤ側で何らかの費用が発生したにもかかわらず、最終的に注文書が発行できなかった場合、トラブルとなる可能性があります。内示も、注文書発行に準ずるバイヤー企業の購入意思表示になります。内示発行に際しては、サプライヤだけでなく、バイヤー企業の社内関連部門、特に購入要求部門の了解が必要です。購入要求部門に代表される社内関連部門から、内示の発行要請をうけるケースもあるでしょう。その場合は、内示発行の根拠と、万が一内示したサプライヤに注文書が発行できなかった場合、内示した後にサプライヤ側で発生した費用処理についても確認します（図1-16）。

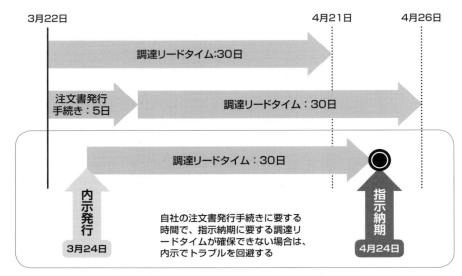

図1-16　注文書の内示と発行

第 2 章

会議・打ち合わせの日常業務で必要なバイヤーの基礎知識を身につける

1. 会議を主催するとき

　会議は、関係者を複数集め同じテーマについて討議をおこないます。社内の各組織と、担当者が足並みをそろえるために不可欠の取り組みと、召集があれば当たり前に出席していませんか。会議は非常に高コストな取り組みであり、開催には費用対効果を強く意識しなくてはなりません。ここでは、会議をみずから開催する場合に、考えなければならない五つのポイントを述べます。

① 会議を開催しない方法論を模索する

　会議開催は当たり前ではなく、どうやったら開催しないで済ませられるかをまず考えます。書類やメール、電話では済まないのか。多くの企業で、仕事は決められた手順で進められているはずです。どうしたら開催せずに仕事が進むかを考えると、会議を開催しなければならない目的も明確になります。現在設定された手順では対処できないとか、設定されたプロセスでは、都合の悪い点が顕在化したといった場合です。開催が当たり前ではなく、まずやらない方法を考え、その上で、開催目的を明確にし、最後の手段として会議を開催します。

② 会議開催時間を厳守する

　複数社員の業務時間を費やしておこなわれる会議です。主催者は、内容によって開催時間を設定し、時間通りに開始して、時間厳守で終了させる責任があります。また、会議に要する時間は、ブレインストーミングといった要素がなく、出席者が事前に資料に目を通すといった準備をしていれば、30分から長くても1時間程度で終了可能です。一時間以上を費やす会議が常態化していれば、会議の開催スキルと出席スキルが不足しています。勤務時間が有限であるとの前提に立てば、長々と会議を続けられないはずです。

③ 目的（ゴール）を明確に伝える

　会議を招集する際にも、そして開催した会議の冒頭でも、会議のゴールを設定し出席者に伝えます。会議の場で一堂に会するメリットは、テーマ・討議内容・

結果それぞれの認識の共有化です。調達・購買部門が主催する会議は、サプライヤや、購入品にまつわるQCDが、会議のテーマになるはずです。テーマについて、現状、対応の方向性、具体的なアクション内容と、実施担当者を決めます。会議を開催し、結果を共有すれば、担当者や部門の意見でなく、関係者の総意となり、企業としての意志決定につながるのです。

④　出席者を厳選する

　会議出席者の選定も重要なポイントです。会議のテーマ、現在の状況、対応の方向性、具体的なアクション内容と実施できる、あるいはすべき担当者を会議招集前に考えれば、おのずと必要な出席者は想定できます。間違っても「取りあえず呼んでおくか」といった、明確な理由のない召集はやめましょう。会議の開催意議と会議召集者の姿勢が疑われます。

　出席者を厳選して開催するのですから、出席を依頼した同僚には、万難を排し出席を申し入れます。最近では、パソコン上で相手のスケジュールが確認できるグループウェアも一般的になっています。すべての出席者の空き時間に会議を開催する配慮も、前提条件としては必要です。

⑤　討議に必要な資料は事前に作成して送付する

　会議で、もっとも時間を割かなければならないテーマは、解決策の決定と、解決策実行に際した関係者のコンセンサスです。いくつかの選択肢がある場合や、解決しなければならない問題の説明は、事前に文書化して、会議開催通知と一緒に送付します（図2-1）。会議の冒頭に、事前配布資料の説明や、質問を受ける時間は設けるものの、資料の説明をすべておこなう進行は避けます。

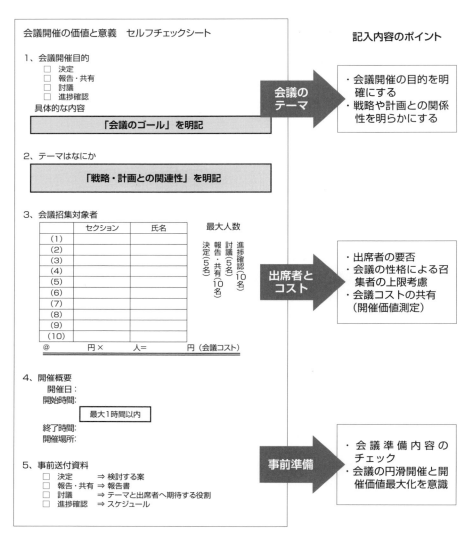

図2-1　会議開催前のチェックシート　サンプル

2. 会議に呼ばれたとき

　いろいろな部門と関わりを持ちながら業務を進める中では、会議へ出席を求められるケースも多いでしょう。しかし会議の出席そのものを仕事と考えるのは間違いです。したがって、会議出席を要請された場合は、会議招集者の立場を尊重しつつ、自分が出席する必要があるかどうかを見極めなければなりません。

　必要かどうかを見極めるポイントは、会議出席で自分がどんな貢献ができるかどうかです。会議出席者全員に、なにか価値を与え、会議進行や計画達成へのゴールへ貢献ができるかどうかを判断します。具体的な貢献は、会議する内容に関する発言や資料提示でおこないます。自分の理解を深める意味あいが強い場合は、議事録の作成を申し出るといった形での貢献を目指します（図2-2）。

【ホワイトボードの前に立つ】
・進行役の記事に沿って、出席者の発言内容を書く
・会議終了後は　①印刷
　　　　　　　②写真撮影して、配布

【パソコンで作成】【ノートにメモ】
・進行役の記事に沿って、出席者の発言内容を書く
・会議終了後、メールで配布
・自分の思いつきや、印象、問題点も、自分の業務改善や、振り返り時のヒントになるので、明記する

図2-2　議事録作成　三つの方法

① 会議開催の目的と背景を理解する
　自分で会議を主催する場合と同じく、会議招集の通知から、会議開催の目的と、その背景を理解します。なかには「とにかく集まってください」といった形で、目的や背景が提示されていない場合もあるでしょう。招集通知を受けて、目的や背景の連絡がなく、かつ自分で思いあたらない場合は、会議招集者に問い合わせします。回答を参照した上で、会議出席要否を判断します。

② 出席せずに済ませる理由を探す
　①で述べた会議召集者への問い合わせに回答がなかった場合、会議の議事録の送付を依頼し、会議への出席は見送ります。自分の業務との関連性が薄く、貢献できる可能性が低かったとしても、内容に興味がある場合、出席するとの選択もあるでしょう。しかし、貢献可能性も低く、興味すら持てない場合は、遠慮なく会議出席を見送ります。そのような場合でも、会議招集者の真意を確認するために、議事録の送付は会議欠席を連絡する際に依頼します。

③ 他の出席者を確認する
　会議招集通知を参照すると、他にどの部門の誰が召集されているかがわかります。同じセクションで何人も召集されている場合は、会議内容と業務の関連性と合わせて、他の召集者に任せられないかどうかを検討します。同じセクションであれば、互いに声を掛けあって「どうする？」といった相談も簡単です。任せられる仕事は任せて、自分がすべき仕事に集中する環境を作ります。

　「会議の出席要否を見極める」のは、少し違和感を覚えるかもしれません。調達・購買部門に配属されたばかりだったら、周囲の同僚の業務内容を理解する目的があります。しかし、メールによって会議を招集する手間が激減している今、軽い気持ちの出席依頼は、確実に増加傾向です。会議出席以外にバイヤーがすべき仕事は山積しています。重要な会議は、優先度を上げて対処すべきですが、すべての会議に同じように対処する必要性は、残念ながら薄れているのです。

3. 会議に上司と出席するとき

　同じセクションから複数で出席する会議は、自分たちにとって優先度が高いはずです。それだけ業務への影響度合いも大きくなりますので、事前の準備を確実におこなって、積極的に貢献し、会議開催の成果最大化を目指します（図2-3）。

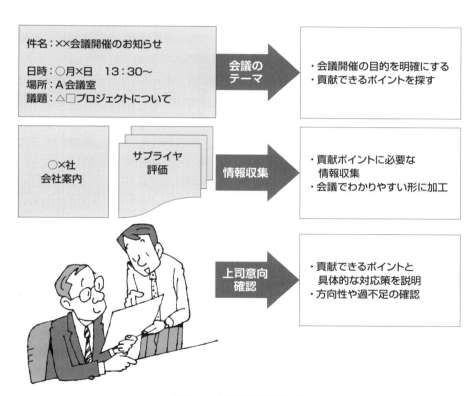

図2-3　会議での貢献準備

① 情報収集は怠らない

　会議の開催目的と、開催背景は、会議招集者に十分な情報提供を求めます。その上で、上司へ共有します。ここで重要なのは会議における「論点の明確化」です。簡単に言えば、上司に「おれ、聞いてない」と発言させないための準備です。
　「論点の明確化」は、次の質問に答えを求める形で情報収集を進めます。

（1）主催者はなぜ会議を招集したのか

　進める方向性を決定したいのか、意見を求めたいのか、認識の共有化を徹底したいのか、あるいはその全部か。なぜ会議を開催するのか、その理由を突き詰めます。この部分が不明確だったり、弱かったりする場合は、会議出席予定者と出席するかどうかを再検討します。

（2）開催根拠の背景はなにか

　会議開催にいたる経緯です。突発的な問題が発生して、その対応を検討する場合でも、できる限り「突発的な問題」について情報収集をおこないます。情報収集の結果で、他の参加者にも事前に知らせたい情報がある場合は、出席者でも情報発信は積極的におこないます。

（3）調達・購買業務と関連したポイントの明確化

　調達・購買部門が呼ばれたら、それは外部からの調達に関連するポイントがあるはずです。それは前述の（1）（2）と関連したサプライヤのQCD+aでしょう。したがって会議開催主旨に関連して、サプライヤが特定できる場合は、サプライヤの会社概要といった基本的な情報も、最新に更新して準備します。会議の席上で、サプライヤの基本情報に話がおよび、
「所在地はどこ？」
「売上げ規模はいくらくらい？」
「従業員は何人？」
といった会議テーマとの関連性は薄いものの、調達・購買部門が知っているべき質問がおこなわれる場合があります。ささいな質問に答えられるかどうかで、調達・購買部門のサプライヤ管理状況が、他部門から判断されるかもしれないのです。

②　上司の意向を確認する

　会議に関連した情報をまとめて上司に報告して、会議に臨む、基本的なスタンスの共有化します。上司の意向通り対処するのではありません。会議でおこなうコメントは、上司であろうと部下であろうと、さまざまな意見によって、いろいろな方向性があるべきです。問題なのは、同じ調達・購買部門から出席しているにもかかわらず、会議の席上で異なった意見を表明する事態です。会議中に同じセクションからの出席者どうしが揉めるのを避けます。

　会議の出席依頼は、個人／担当者あてにおこなわれます。しかし、仕事は組織的に進め、個人でなく、所属部門としての意見表明が必要です。同じ部門内は、会議開催前にコンセンサスをとっておきます。これは考え方を一つに集約させるだけではなく、複数の想定が可能で、他部門の都合と合わせ考える場合は、複数案を持つコンセンサスで会議に出席します。

③　自分も意見を持つ

　情報を集めたら、自分でも考え、表明できる意見を持ちます。もし、表明できる意見が持てない場合、それは情報が不足しているか、自分の業務には関連性が薄いテーマかもしれません。追加情報を収集するか、会議の出席の必要性を再検討します。

　企業でおこなう意志決定には、決定できるかどうか「権限」があります。会議の内容によっては、自分の職位では意志決定権限のないテーマもあるでしょう。しかし、意志決定の権限やルールと、自分で意見を持つか持たないかは、まったく関係ありません。会議に限らず「自分だったらどうするか」と、当事者意識を持てば、いろいろな疑問も浮かぶし、問題点も目につきます。疑問や、問題点があってこそ、的確な情報収集が可能です。

4. 部門内で打ち合わせるとき

　同じく調達・購買の仕事をして、部門目標を達成しなければならない同僚は、助けあって協力する関係を作らなければなりません。職場の人間関係は、仕事の充実を感じられるかどうかの大きな要素です。そしてもっとも重要な点は、自分の行動が大きな影響を与える点です。職場の雰囲気を改善するために、部門内の打ち合わせの活用法を学びます（**図2-4**）。

・主旨を簡潔に伝えるために、メールで作成
・メールのデメリットを意識し、読んでもらうために「送りました」と声をかける
・急ぎの場合は、フォローを加える

・ささいなテーマでもちょっと話をする
・短時間で終わらせる
・頻度を多くしてコミュニケーション推進

図2-4　部門内の打ち合わせ準備

① メールと声掛けの合わせ技

　インターネットを活用したメールの普及は、ビジネス上のコミュニケーションの実現に大きく貢献した半面、同じセクション内で、となりに座っていても、メールでやり取りをするといったケースが問題点として指摘されています。メールはツールなので、万能ではありません。使いこなす側での工夫が必要です。

　メールを使用するメリットはなんでしょう。自分が伝えたい内容のすべてをメールに書けば、相手のパソコンやスマートフォンに届きます。話をするのが苦手な場合は、非常に便利なツールです。便利さを実感するために必要なスキルは、書きたい内容を、端的に表現する能力です。大好きな相手からのメールは、たとえ長文であってもどんどん読めるかもしれません。でも、仕事のメールには、シンプルに要点を伝える「技術」が必要です。

　また、メールの最大のデメリットは、読むかどうかを相手に依存してしまう点です。メールを受け取った側が注意深く確認しているつもりでも、読み忘れが起こります。この点は、メールを使用する際に強く意識し注意しなければなりません。

　このようなメリットとデメリットを踏まえて、隣に座っている同僚にメールを送る場合は「今、メールを送ったので読んでください」と一言、声をかけます。相手から反応があれば、その場で話をする＝打ち合わせに展開させます。

② 短時間開催を強く意識する

　部門内の打ち合わせは、できるだけ短時間で終わらせます。短時間で終わらせるためには、打ち合わせをおこなうスペースに工夫をします。企業によっては、フロア内に打ち合わせ用のスペースがあります。短時間開催を意識するなら、椅子すら置かずに、ホワイトボードや、液晶モニターだけを設置します。打ち合わせは、その周囲に集まって、立ったままおこないます。

　会議や打ち合わせが長時間になる理由は、事前準備や議事進行のファシリテーション能力の未熟さと、椅子が原因です。最近ではパソコンを持ちこんで、会議に出席しながら、メール処理をおこなっているケースもあります。状況を理解して、認識を共有する。あるいはなんらかの意志決定に、椅子は必要ありません。それよりも、出席者が同じテーマに目をむけ、理解し、考えて、決定する行為が必要です。こういったサイクルを速く回すためにも、居心地の悪い環境でおこな

えば、短時間で終了するのです。

③　できるだけ多く

　短時間開催を意識する理由のもう一つは、必要と思ったタイミングを逃さずに開催する点です。後でやろう、今度やろう、ではなく、思いたったその瞬間に開催します。しかし、思いたった瞬間に、話をしたい相手が席にいないといった状況もあるでしょう。そういった場合は、朝一番とか、昼休み明けといった、全員が集まっている可能性が高い時間に、声掛けし、やってしまいましょう。事前準備に加える重要なポイントとして、午後一番で訪ねてくるサプライヤとの約束の時間を、13:10にするといった工夫を部門内でおこないます。

5. サプライヤが会議に出席するとき

　バイヤーが関係する業務のなかでは、サプライヤと打ち合わせではなく、バイヤー企業の会議に、サプライヤが同席する場面も想定できます。こういったケースは、品質か、納期といった点で、なんらかの問題を抱えている場合です。できれば避けたい状況ですが、そんな事態へ直面した場合の対処です。

① 必要性の判断

　想定される状況を、納期問題を事例に考えてみます。たとえば、こんな状況です。

　サプライヤからの納入が遅れており、ついには自社の生産を止めざるをえなくなった。製造部門や生産計画部門から厳しいクレームが寄せられており、「直接サプライヤから話を聞きたい」と、サプライヤを交えた報告会開催を要請された。

　状況を分解して考えます。

　調達・購買部門は、サプライヤの現在・最新の状況を、正しく掌握して、必要に応じて社内へ情報を展開し、かつ社内の関連部門に対応を要請しなければなりません。そんな社内から「サプライヤを呼べ」との要請は、調達・購買部門が正しくサプライヤを管理できていないと判断された可能性が高くなります。調達・購買部門としての言い分もあるでしょう。しかし、そういった形で強く要請を受けた場合は、サプライヤを呼び出す前提で話を進めなければなりません。

② 誰に味方するのか

　こういった状況で調達・購買部門は、サプライチェーンでも立場的にも社内関連部門とサプライヤの間に位置します。この状況を「板挟み」と捉えるのか、それとも両者の間で、問題解決を主導するかは、社内のみならず、サプライヤから見た調達・購買部門の評価にも影響を与えます。

　もし社内から「サプライヤを呼べ」と言われた場合、調達・購買部門は、どちらにもくみしない、フェアーな立場で状況判断をおこないます。サプライヤを呼ぶ場は、つるし上げの場でなく、問題解決の善後策を検討する場であると強く認

識します。その上で、対処方法を検討・決定を推進します。

　サプライヤ側に問題がある場合、調達・購買部門のサプライヤ管理に問題があると判断されてもやむを得ません。この場合、直面している事態を打開し、次に述べる再発防止策を、サプライヤと社内関連部門と協力して策定します。問題は、発生事象に関連した社内関連部門側の原因が大きな場合です。ここで、サプライヤを同席させる会議を開催する場合の開催場所におけるレイアウト（**図2-5**）を想定します。

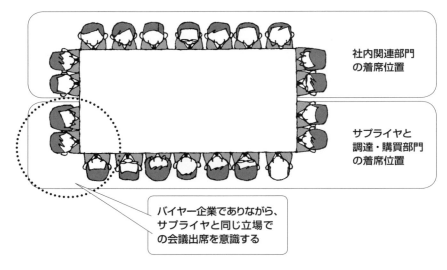

図2-5　サプライヤが出席する会議の席次

　このような事態を招いた原因がサプライヤ側にあったとしても、調達・購買部門から出席するメンバーは、必ずサプライヤと同じ側に座ります。理想的には、図中の点線で丸く囲ったポジションです。決してサプライヤだけを社内関連部門からの非難の的にしてはなりません。社内の主張を、サプライヤと同じ立場で調達・購買部門が聞く姿勢を明確に示します。サプライヤの非が少ない場合は、バイヤー企業内の社内各部門の力関係でこういった事態を招いてしまったのです。こういった状況でサプライヤは守るべきであり、少なくとも調達・購買部門はサプライヤと協調姿勢を示すべき存在です。

③　再発防止への取り組み

　サプライヤと歩調を合わせ、会議を乗り切った後、調達・購買部門はサプライヤと協力して再発防止策を検討します。まず、サプライヤになんらかの問題がある場合は、改善策を共同して検討します。フェアーな判断によって、サプライヤに非がない、あるいは少なく、むしろバイヤー企業側に問題がある場合は、まずサプライヤにおわびします。その上で、バイヤー企業側の改善策を示し、必要に応じたサプライヤの継続的なサポートを申し入れます。

　トラブルに関連してサプライヤを呼び出す場合は、社内の他部門の要請を受ける前に、調達・購買部門みずからの状況判断によって、行動しなければなりません。サプライヤをコントロールできるかどうかは、実際社内が調達・購買部門にもっとも期待を寄せるポイントです。他部門からのサプライヤも同席した会議開催要請は、そういったポイントがうまくコントロールできていない危機的状況と認識して、直面した事態はもちろん、根元的な原因を除去する取り組みにつなげます。

6. 定期開催の会議に出席するとき

　日々、自社がどのような事業活動をおこなっているのか。あるいは、取り組んでいるプロジェクトが、どのような状況なのか。定期的に開催される会議には、そういった継続的に取り組んでいるテーマや問題に関連して開催されます。企業が継続している限り、このような会議も存在し続けます。定期的に開催し、出席しなければならないなら、その効果的な活用を目指します。

① 定期的な会議の位置付け

　会議を定期開催する目的は、変化の理解と対応、そして進ちょく状況の共有化です。この目的を個人に落としこめば、会議で変化や進ちょく状況の報告になります。そして、他の出席者の報告内容を理解して、自分の業務との関連性を確認し、必要に応じた対処です。「定期的」に開催される会議の活用方法を考えます。

② ペースメーカー的活用方法

　こういった会議は、もとを正せば、企業戦略を根拠とした経営計画を起点としています。出席するからには、会議開催の意議である経営への参画、事業運営の一翼を担う自分を、仕事のアウトプットで示さなければなりません。

　定期的な開催とは、毎週、毎月、四半期といった、必要に応じた頻度が設定されています。そういった頻度は、業務のマネジメントサイクルと密接に関係しているはずです。まず、定期的に開催されている会議の頻度を確認します。月次開催の会議であれば、次に開催されるまでの一ヶ月間、会議のテーマに関連した仕事をどのように進めるかは、自分で計画しなければなりません。重要なテーマであれば、更に週次で会議が開催されるでしょう。その場合は一週間の仕事の計画を、自分で立案します（**図2-6**）。

　長期、中長期、年間といった、比較的長いスパンの計画は、日々の実務と直接的に結びつかない、そんなイメージがあるかもしれません。しかし、こういった形でマネジメントサイクルを階層構造で考えれば、日常業務と中長期の経営計画が直接的には結び付かなくても、結び付きを生む構造が理解できるはずです。日々

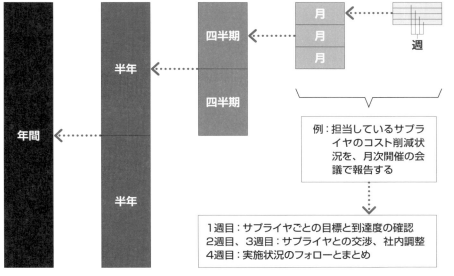

図2-6　マネジメントサイクルと、会議開催頻度、業務の関係

の業務に追われていたとしても、それは必ず会社の事業との関連性と全社的、経営的な意義が理解できます。その意義に貢献するために、自分はなにをすべきかを考え、行動すればよいのです。

②　緊張感の維持

　定期開催する会議の注意点は、惰性による開催です。変化の理解と対応、そして進ちょく状況の共有化がおこなわれずに、会議の開催が目的になってしまう事態は、もっとも避けなければなりません。ここでは、会議出席者の立場での対応策を考えます。

　定期的な開催ですから、毎回報告すべき内容があるはずです。したがって、毎回必ず成果を報告します。更新データの提供や、会議の席上で発言を必ずおこないます。更新データの提供は毎回必ずおこなって、発言は、出席者にとって価値ある内容を取捨選択しておこないます。

7. 一人になりたいとき

　調達・購買部門のオフィスは、決して静かで落ち着ける環境ではありません。電話の会話や、サプライヤとの打ち合わせのやり取りによる喧噪のなかで仕事をしなければなりません。調達・購買部門の仕事を、大きく二つに分けると、注文書発行や、見積書入手関連、さまざまな情報入手といった「処理系」と、戦略や方針を立案する「思考系」の二つになります。「思考系」の業務をおこなう場合は、テーマに集中し、かつ集中を一定時間持続しなければなりません。しかし、一定時間の確保は、調達・購買部門に限らずなかなか難しいのが実情です。どのように自分一人で集中できる時間を確保するかを考えます（**図2-7**）。

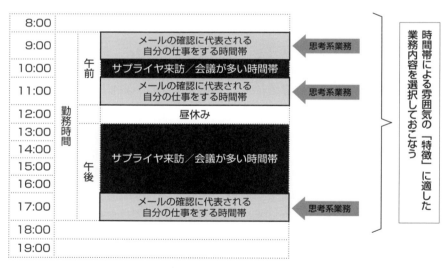

図2-7　業務の特性に応じた実施時間サンプル

① 「切り替え」のタイミングを作る

「思考系」の仕事をしているとき、進行を妨げられた場合は、
（1）どこまでやっていたのかを確認して書き出す
（2）これからなにをするのかを確認して書き出す

　この二つの内容のメモを作成して、いったん中断します。メモによって、中断から復帰するときの速やかな戻り方を、あらかじめ設定しておく方法です。慣れてくれば、（2）だけを意識して、次に何するかだけをメモします。次のアクションがわからない場合に、今こうしていたとメモするだけでも大丈夫です。

　こういった少しの工夫で、自分の取り組みに継続性が確保できます。付せんにメモし、モニターに貼り付けておけば、席に戻ったときに、別の仕事に取り組まない歯止めになります。もし、そのときにやっていた仕事よりも優先度や緊急度が高い仕事に取り組まなければならない場合でも、次にやる仕事としてメモを残しておきます。

　オフィスにいれば、上司や同僚から声をかけられたり、電話がかかってきたりする状況は、容易に想像できます。そういった状況は日常的な環境なので、改善するのは困難です。したがって、そういった状況には、上手に対応するしかないのです。

② 時間帯による環境を理解する

　企業ごとに勤務時間が設定され、時間帯によって、落ち着いた時間、あるいはざわついた時間、どんな企業でも一定の傾向があるはずです。始業から1時間は落ち着いているとか、午後よりも午前中が落ち着いている。あるいは、午後一番は、会議やサプライヤの来訪によって、オフィスがざわついているといった事象が傾向として表れます。こういった傾向を踏まえ「思考系」の仕事をおこなう時間を設定します。午前中の早い時間が適している場合は、その時間を意識的に思考系の仕事に使います。

③ 物理的に一人になる

　どうしても、思考を妨げる要因から離れたい場合は、社内の会議室を活用する手段もあります。しかし、電話や問い掛けにも対応できないデメリットがあるので、安易に採用するのは控えます。思考系かつ、その仕事の納期が迫っている場合や、緊急度が高い場合に絞って採る手段です。

　この場合は、周囲に使用する会議室と、戻ってくる時間を伝えてから、会議室へと向かいます。戻る時間が明確なら待ってもらえるかもしれないし、緊急度が高い用件であれば、内線電話で呼び出すのも可能だからです。会社で働くとは、組織的に働きます。組織による業務遂行を妨げない配慮は必要です。

　物理的に一人になるのは、自分の都合だけなら、最大でも1時間が限度でしょう。人の集中力は1時間以上継続が難しいので、効果も薄れるはずです。会社に出勤するのは、自分の席に居るのが前提です。みずからの都合で長時間席を離れるのは避けます。

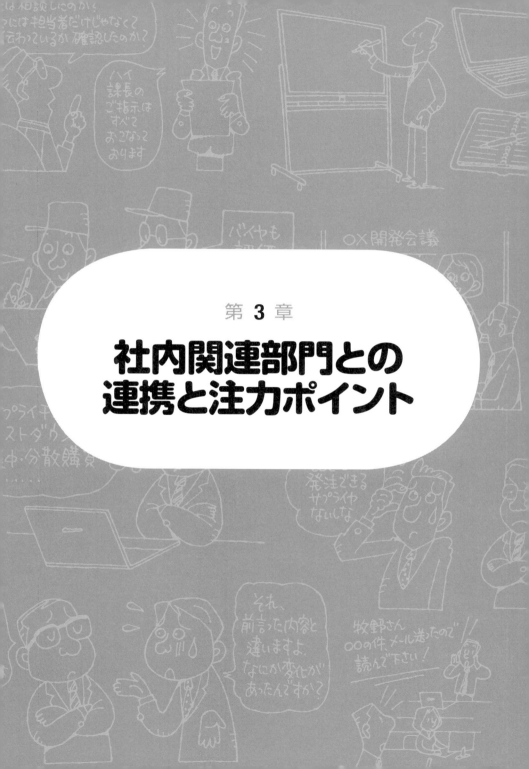

第 3 章

社内関連部門との連携と注力ポイント

調達・購買部門と、社内関連部門はどのような業務をすすめているでしょうか。図3-1では、調達・購買部門を中心にした関係を図式化しました。社内の代表的な部門を、大きく三つに分類します。

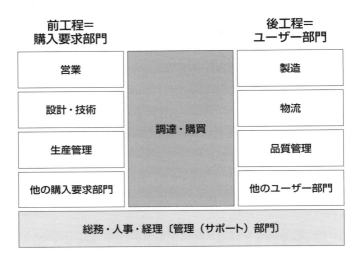

図3-1　社内関連部門と調達・購買の関係性

①　前工程＝購入要求部門

　購入要求部門は、購入にまつわる「要求」を調達・購買部門へおこないます。営業／サービス部門と、設計・技術部門は、お客さまのニーズを根拠にした要求。生産管理は、製品の数量をベースにした、サプライヤからの購入数と時期の要求。その他、部門内で必要な購入品は、社内すべての部門がニーズと数量、必要な時期を要求します。

　調達・購買部門では、各部門からの要求を、円滑に実現する責任を負っています。その一方で、要求内容が厳しかったり、実現が難しい内容だったりする場合、要求内容の改善や見直しをおこなわないと、責任がまっとうできなくなります。したがって、購入要求部門には、なにか問題がある場合に「言い返せる」関係が必要です。

② 後工程＝ユーザー部門

　ユーザー部門は、調達・購買部門の実行内容の結果によって、自部門の責任をまっとうします。製造部門は、サプライヤからの購入品によって、自社の製品を生産します。物流部門は、サプライヤから受け取った購入品や半製品を社内の適正な場所へ運んだり、完成した製品をお客さまに届けたりします。購入品や半製品、完成品の在庫を管理する場合もあります。そして、購入品や完成品の品質を確保するのが品質保証部門です。その他、①と同じく、購入品を使用するユーザー部門も含まれます。もし購入品に、QCDにまつわるトラブルがあった場合、後工程における業務に支障を来します。

　調達・購買部門では、ユーザー部門に使い勝手の確認や、問題点のフィードバックを受ける仕組みを作って、サプライヤとおこなう改善活動のネタを収集します。

③ 管理（サポート）部門

　調達・購買部門のみならず、社内各部門が円滑に業務を進められる環境整備をおこなう総務部門、各部門における人材を確保し管理する人事部門、そして、社内全体の予算と発生コストを管理する経理部門です。これら部門は、社内の各部門と、さまざまな形で関わりを持っています。調達・購買部門へコスト削減の期待が大きな場合は、経理部門と緊密に連携しつつ業務を進めなければなりません。また、調達・購買部門が最大のアウトプットを生みだすためのサポートを求めます。企業の生産活動における調達・購買行為は、購入に必要な三つの意志決定を、それぞれの部門で分担しておこないます。

・購入品やサービスの仕様・機能・内容を決定する：設計・技術／購入要求部門
・購入数量や時期を決定する：生産管理部門／購入要求部門
・発注するサプライヤと価格を決定する：調達・購買部門

　調達・購買部門は、みずからの責任はもちろん、社内関連部門で発生する調達・購買関連業務をサポートしなければなりません。まず、各部門業務内容を理解し、活用できる業務やアウトプットを探します。調達・購買部門の成果を最大化するために、各部門からのサポートを得るためにも他部門の業務内容の理解は必要です。調達・購買部門の業務遂行に有効なテイク（Take）を得るために、各部門に対して、どんなギブ（Give）を提供するかを学びます。

1. 営業／サービス部門との関係

　営業は、顧客に対して自社の製品を「販売」します。一方、調達・購買部門は、サプライヤから「購入」します。「販売」と「購入」で、社内でも対極に位置すると思われる部門です。しかし、調達・購買部門の共通点である市場との接点部門の立場を生かして、営業部門が握る情報を調達・購買業務に活用するために、積極的に良好な関係を構築します。

　また、サプライチェーンのプロセスでは、前工程のさらに前工程の位置付けです。営業から入手した情報は、そのまま調達・購買部門の業務に活用できません。活用には、情報の内容を分解し、調達・購買部門に役立つ部分を分析し抽出します。

① 営業部門との共通点

　営業部門は、自社製品の顧客がいる市場で販売しています。一方、調達・購買部門は、サプライヤが販売活動をおこなっている市場で購入しています。両者は、同じく直接市場に接しています。これは、他の部門にはない重要な共通点です（**図3-2**）。

　表面的には、異なる市場かもしれません。しかし景気動向や市場動向に関する情報が、それぞれに関連性を持つ場合があります。関連性の有無は、お互いの持っている情報を交換しなければ判断できません。

　営業部門は、定期的に売上げや商談状況をフォローする場をもっているはずです。そういった場に調達・購買部門も参加し、違った側面から市場動向を理解して、業務に役立てます。

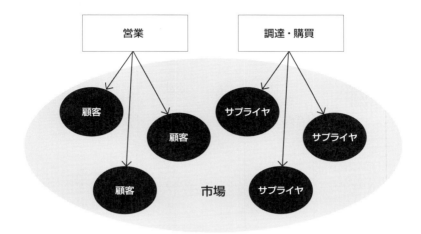

図3-2　営業部門との共通点

② サプライヤが知りたい情報とは

　営業部門がもっている調達・購買部門に役立つ情報は、自社の売上げが拡大するのか、維持なのか、あるいは減少するのかといった、見通しに関する内容です。調達・購買部門がサプライヤにする話は、どうしてもコストや納期、品質の話になります。サプライヤがもっとも興味を持っているのは、将来どれくらい発注してもらえるのかです（**図3-3**）。

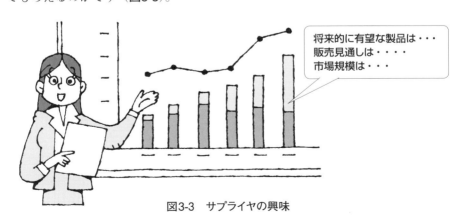

図3-3　サプライヤの興味

近い将来の見通しなら、定期的にサプライヤへ提供し、生産準備に活用してもらいます。サプライヤが知りたがるのは、少し先の未来です。購入品のリードタイムにもよりますが、年度の前半であれば後半。年度の後半であれば、翌年の見通しです。どんな製品がどんな顧客に、どういった魅力で売れる可能性があるのかを、営業から入手した情報を伝えます。そんな情報を聞いているサプライヤの目の色の変わりように驚くはずです。

③ ノウハウの補完性

　営業部門は、どうやって高く売るかを日々考えています。一方、調達・購買部門は、どうやって安く買うかを考えています。売ると買うは異なり、考える内容もまるで逆です。しかしその本質は、自分に有利な価格を相手からどうやって引き出すかです。調達・購買部門が、シングルソースのサプライヤに手を焼いているなら、その手を焼いている相手の優位性は、営業部門の参考にもなり、優位性構築のヒントになる可能性を持っています。また、営業しやすい顧客の特徴をヒアリングすれば、バイヤーの反面教師になります。対極に位置するからこそ、お互いにアドバイスが可能です。自社の営業部門から購入する可能性はゼロです。お互いの本音をぶつけてノウハウを蓄積し、スキルアップを目指します（**図3-4**）。

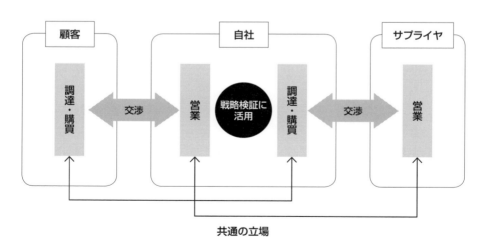

図3-4　営業部門との補完

2. 設計・技術部門との関係

　設計・技術部門は、購入するモノやサービスの「内容」を決定するために必要な前工程の一つです。設計・技術部門が作成する仕様書や図面の内容を、調達・購買部門がサプライヤを活用して実現します。

　設計・技術部門と調達・購買部門の関係は、市場とサプライヤの変化に、どのように対処するかがテーマです。これまでは、仕様書や図面を設計・技術部門が作成した後、調達・購買部門の仕事が開始されました。こういった「前後関係」の位置付けが、近年の市場、そしてサプライヤの状況のミスマッチし、さまざまな問題の温床となっています。ミスマッチによって生みだされる問題点から、最適な関係を模索します。

① 設計・技術部門の最新状況を理解する

　設計・技術部門における検討内容は、考慮すべき範囲が拡大しています。機能性や品質の追求のみならず、製品の安全性や、廃棄時の環境負荷の考慮、同時にコスト削減も検討しなければなりません。設計・技術部門が作成する仕様書や図面の完成は遅く、顧客の納期要求は短縮化が進み、結果的に、調達・購買部門が発注先設定に割ける時間が減少する事態は、ほぼすべての企業に共通した問題です（図3-5）。

図3-5　設計・技術部門の実態

しかし、そういった問題の解決は、設計・技術部門だけではできません。あらゆる市場ニーズが高度化し、設計・技術部門に大きな負荷を強いている現実を、他の社内関連部門よりもまず調達・購買部門は理解し、社内で一番の理解者になります。設計・技術部門と協力して責任を果たすために、これまでとは違った工夫によって成果を生みださなければならないのです。

② 同じスタートラインに立つ

　「これまでと違った工夫」の第一歩として、設計・技術部門が「前工程」である認識を捨てます。同じスタートラインに立ち、役割分担をおこない一緒に前進する「並走者」になります。同じラインからスタートして、役割を分担します。設計・技術検討に専念してもらい、サプライヤへの打診は調達・購買部門で引き受けるといった具合です。初期の検討段階に、適切なサプライヤ情報を提供したり、サプライヤと打ち合わせを提案したりして、設計・技術部門が検討を進めるために必要なサポートをおこないます（図3-6）。

図3-6　スタートラインの役割分担

「適切なサプライヤ情報」は、サプライヤのインターネットのホームページで参照できる情報ではありません。ホームページの情報は、従来の会社案内と同じで誰もが入手できます。調達・購買部門は情報収集をおこない、設計・技術部門の業務に貢献する情報を提供します。具体的には、ホームページ情報の真偽の確認や、自社とサプライヤの戦略の適合性、自社事業へのサプライヤの評価、設備能力だけでなく、サプライヤ内のサプライチェーンのすべてにおける人的リソースの状況、経営戦略といった立ち入った情報を収集して設計・技術へ提供します。

　また、入手した情報を、設計・技術部門のすべてのメンバーが、簡単に共有できる環境も構築します。従来製品よりも、ある部分を向上させた製品を購入したい場合を考えます。採用できるすべてのサプライヤを知っている担当者と、一部のサプライヤしか知らない担当者では、想定するサプライヤが違います。一部サプライヤしか知らない担当者では、サプライヤのリソースを最大限有効活用した仕様選定ができない可能性があるのです。

　調達・購買部門が持っている、他の企業とは異なるサプライヤ情報は、貴重な経営資源です。有効活用するためには、調達・購買部門だけでなく、社内関連部門、特にサプライヤのリソースを活用する設計・技術部門はメンバーすべてに情報共有を実現します。

図3-7　不足しているリソースに注目して提案

③ サプライヤのリソースを活用する

　事業の維持拡大を目指してきたサプライヤは、自社製品に関するさまざまなノウハウを蓄積しています。蓄積したノウハウを活用して、他社にはまねできない優位性を実現しています。自社にとって、サプライヤの優位性は魅力的に映る半面、サプライヤの活用方法によっては、購入条件交渉で難しい対応を強いられる場合もあります。交渉したものの、ほぼサプライヤの提示条件を受け入れなければならない事態も十分にありえます。そういった場合、調達・購買部門はどのように対処すべきでしょうか（図3-7）。

　自社製品に欠かせない構成部品は、サプライヤとは対峙せず、協調路線を選択します。設計・技術部門をはじめとした、各部門間の緊密な関係を構築し、全社的に足並みそろえサプライヤを攻略します。関係構築の途上は、サプライヤの提案内容をそのまま受け入れる事態もやむを得ません。しかし、より深い相互理解により、自社のニーズを、深い関係を通じ顧客ニーズとしてサプライヤの製品企画や開発に反映させる影響させます。そういった極めて戦略性の高い取り組みは「サプライヤリソースの活用」として調達・購買部門が主導します（図3-8）。

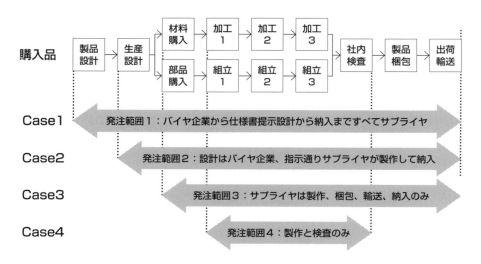

⇒同じ製品供給でも、サプライヤの持つリソースは違う

図3-8 サプライヤリソースの見極め

3. 生産管理部門との関係

　生産管理部門は、設計・技術部門とならび、調達・購買部門で購入するモノやサービスの内容を決定するために必要な二つの前工程の一つです。図面や仕様の作成が設計・技術部門の役割なら、自社の生産計画をもとにして必要な数量と時期を決定するのが生産管理部門の役割です。

　近年、納期面での顧客要求はより短縮化し、マーケットの需要動向も非常につかみづらくなっています。その結果、サプライヤに、より短いリードタイムの実現が求められています。もう一つ、リードタイムが短くなってしまう要因には、需要変動リスクがあります。在庫リスクを減らすために、より確実な量しか購入しません。「確実な量」は、より納期に近いタイミングでしか判明しないため、結果的にサプライヤへのリードタイムが短くなってしまうのです。

　こういった環境下で、調達・購買部門が生産管理とサプライヤの間に立ち、なにができるかを考えます。

① 生産能力のフィードバック

　生産管理部門からもたらされる発注量と必要時期の情報が、サプライヤの能力と対比し対応可能かどうかを確認します。サプライヤの対応能力を超えている場合は、生産管理部門とサプライヤの双方に対策を求めます。納期遅れは、自社側からすれば、厳しい納期設定であったとしてもサプライヤに対処して欲しいと考えるでしょう。しかし、そういった厳しい状況の打開をサプライヤ任せは避けます。調達・購買部門は、サプライヤの生産能力の掌握によって、最低限確保すべき発注リードタイム（サプライヤの生産リードタイム）、生産管理部門にフィードバックします。同時にサプライヤに対して、リードタイムの短縮を申し入れます。納期調整は、タイミングによって自社とサプライヤの双方に生産計画の再調整を強います。できるだけ発生させない具体的な対策を実行します（図3-9）。

図3-9　生産計画への対処

② 本音で真実をぶつけあう当事者同士の関係を構築する

　生産管理から提示される要求納期は、まったく遅れが許されない納期でしょうか。多くの企業で納期の「さばよみ」が横行しています（図3-10）。こんな例です。

　『一ヶ月後に必要な製品を、生産管理部門は一週間の余裕をみて3週間後の納期を設定します。今回は特に「あのサプライヤは納期が遅れがちだ」と、最終的に2週間後に設定しました。一方、サプライヤの標準リードタイムは1.5ヶ月なので、1ヶ月ものギャップが発生しました。調達・購買部門があわててサプライヤと調整し、1ヶ月後であれば対応可能と回答を得て、なんとかまるく収まりました』

図3-10　「さばのよみ合い」では納期調整できない

こういった納期調整の経緯で、果たしてどんな付加価値が生まれたのでしょう。貴重な時間をただ浪費したに過ぎません。こういった経緯があった場合、生産管理部門に対して、当初の納期設定の根拠を確認します。同じ社内なのだから「さばよみ」などせずに、本当に必要な納期設定を求めます。社内で「さばのよみ合い」など、非効率なコミュニケーションの象徴です。丸く収まった結果に満足せず、再発防止策を必ず関係者で検討し、調達・購買部門と生産管理部門の双方で共有し実行します。

③ サプライヤとの納期交渉の厳格化

社内の「さばよみ」を撲滅するために、サプライヤからの正確な納期回答を入手して備えなければなりません。先ほどのケースでは、いろいろ調整した結果、1ヶ月で対応が可能でした。実績を利用して、次回から1ヶ月を標準納期として回答するように求めます（**図3-11**）。

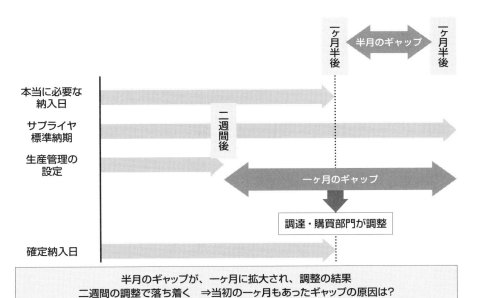

図3-11　納期の調整

調達・購買部門とサプライヤがおこなう交渉は、どうしても仕様や発注量をもとにした価格交渉に偏りがちです。しかし、自社とサプライヤ間でおこなわれる調整にともなって発生するコストまで合わせ考えると、標準的なリードタイムも、一定の条件下でギリギリの納期回答を入手しなければなりません。加えて納期情報のメンテナンスと、サプライヤの稼働状況の入手し、最新のサプライヤの稼働状況をウォッチします。発注頻度が少ない場合は、過去に設定したリードタイムが、次のタイミングでは長期化する可能性もあります。いったん回答した納期は順守し、リードタイムに変動がある場合は、自社への連絡をルール化します。

　後工程に位置するからといって、前工程の要請をすべて受け入れる必要はありません。また、前工程の要請を、実現性を考慮せず、ただ後工程であるサプライヤへ連絡するだけならば、調達・購買部門を経由する必要はありません。関連部門が作成した情報をサプライヤへ連絡し、その妥当性を判断します。実現性が疑われる場合は、あらかじめ社内で善後策を検討します。前工程には調達・購買部門がつかんでいるサプライヤの最新情報を適切にフィードバックして、再調整しない納期設定を実現します。

4. 購入要求部門との関係

　これまで直接材と呼ばれる生産に必要な部品や材料の購入を想定しました。企業では、業務遂行に必要なさまざまな製品を購入しなければなりません。そういった社員が使う購入品を間接材と呼びます。間接材の調達・購買部門から見た前工程は、社内すべての部門です。購入対象は広範囲にわたります。どの部分に調達・購買部門が網をかけ、適切な購買の実現できるかを考えます。

① 購買力を発揮する方法と、集中化の重要性

　購買力は、サプライヤに「考慮せざるを得ない」と考えさせる影響力です。一般的には購入量（額）が多ければ、購買力があると判断できます。ここで、重要なのは「多い」と判断する基準です。

　企業全体で購入量が多ければ良いとする基準だけでは、世の中の企業の99％以上に購買力がない、あるいは弱いとなってしまいます。自社の購買力をできるだけ大きくして、サプライヤへ影響力を行使するのも調達・購買部門の重要な役割です。まず、購入量（額）が多い状態を企業あたりでなく、購入窓口あたりの量（額）でとらえます（図3-12）。

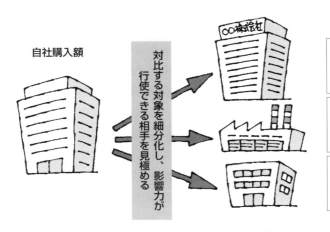

図3-12　納期の調整

自社よりも規模の大きなサプライヤを相手にしている場合、企業規模の比較だけでは、購買力が弱いと判断できます。しかし、サプライヤの企業規模が大きければ、製品種別ごと、地域ごとに営業組織を配置しているはずです。メーカーでなく販売代理店を経由して購入する場合もあるでしょう。購入窓口となっている組織や、代理店の売上げ規模を調べます。法人であれば、信用調査会社へ依頼します。企業の一部門である場合は、財務諸表から類推したり、営業パーソンからヒアリングしたりしてデータを集めます。

　営業パーソンあたりの売上げ全体の10%を超える発注額があれば、営業パーソンレベルでは、無視できない存在になります。この「無視できない」が購買力による影響です。自社の意向には、なにか回答をしなければならないと思わせる力です。これが30%を超えれば、より影響力が増加します。企業レベルでは、一営業パーソンの売上げが30%減少しても、さほど大きな問題にはなりません。しかし、営業パーソンの立場からすれば大問題です。

　これは、窓口の組織でも同じです。営業セクションや営業所レベルの売上げに占める発注額の割合が10%あれば、無視できません。30%あれば、そのセクションや営業所の存亡にかかわる事態です。当然、自社は営業窓口に対して購買力を持ちます。

　自社とサプライヤの企業全体の対比では、購買力はないと判断する規模の差があるかもしれません。しかし、社長が商談するわけではありません。より小さく分解した上での判断と、行動が必要です。こういった考え方を踏まえて今、社内のどの部門から、どの程度外部に支払っているかも調べます。社内各部門から、調達・購買部門を経由せずにサプライヤへ支払が可能な場合、サプライヤの集中化が進んでいないかもしれません。類似した購入品を、複数のサプライヤに分散して購入している場合は、調達・購買部門から推奨サプライヤを社内全部門に連絡します。サプライヤを推奨するには、サプライヤのQCD、量的および質的な能力の調査が不可欠です。また、複数のサプライヤから同じ製品を購入する場合は、入札をおこなって結果を社内へ公開します。このような取り組みは、最終的に購入権限の調達・購買部門への一元化へとつなげます。

② 注力ポイントを変化させる

　どんな企業であっても、購入対象は広範囲におよびます。間接材は自社オフィ

ス、オフィス用家具、工場建屋、工場内設備、IT機器、ネットワーク設備、社員食堂……企業運営にはじつにさまざまな購入対象があります。この購入対象範囲の広さと購入要求内容を明文化する手間が、購入要求部門が直接的にサプライヤと折衝し、発注先や価格を決定してしまう、やむを得ない理由にもなっています。

　調達・購買部門がすべての範囲を網羅し、適正な購買を実現できるかどうか不安もあるでしょう。対応には人的リソースの確保も大きな課題です。人的なリソースが限られる場合、プロジェクト的に注力する購入対象を限定します。向こう5年間の注力対象カレンダーを作成して、購入範囲をどの程度網羅できるかを確認してみましょう（**図3-13**）。例えば、賃貸オフィスの場合、契約期間は2年間が一般的です。しかし、3年や5年といった期間も、交渉次第で可能となる場合があります。そういった購入対象によって発生する頻度を掌握するだけでも、注力するポイントが明らかとなり、数年単位での対応スケジュールの作成が可能です。毎年フォローする必要がない場合は、購入時期の調整によって契約時期を分散すれば、限られた調達・購買部門のリソースでも、効率的な購買が実現可能なのです。

	本社オフィス	××営業所	××工場工作機械	食堂配膳（弁当）	社内清掃業者	IT（パソコン）
2015	更新					更新
2016		更新	サプライヤ稼働状況確認	契約更新		更新
2017	更新		老朽更新		契約更新	更新
2018		更新		契約更新		更新
2018	更新					更新
2020		更新				更新

更新タイミングの同期化による集中購買　／　更新タイミングの分散化⇒業務負荷分散　／　部門ごとに更新⇒更新頻度の見直し

図3-13　購入先選定注力スケジュール

③ 需要動向を共有してタイミングを提案

　2015年以降、日本国内の建設工事は、建設会社と従業員の両方ともが減少し、高い操業度を維持しています。こういった環境下で新社屋の建設を計画するのは、得策でしょうか。やむを得ない理由や、制約用件がなければ、しばらく様子を見たり、一時的に賃貸物件を活用したりといった対応も選択できます。

　社内設備の更新も同じです。あと1～2年で更新を迎える設備があるとします。設備メーカーに確認すると、手持ちの受注量も低迷している。こういった場合は、1年前倒しで設備更新を検討します。同様の例では、社外向けの販促用のパンフレットや会社案内の印刷。今、納期によって価格が大きく異なります。急ぎの場合は、当日印刷、翌日印刷が可能となる一方、印刷設備の稼働が低い時期を選択したり、納入までのリードタイムを長くしたりすれば、安くなるプランの選択が可能になります。社内で発生する需用だからこそ、タイミングの確認が容易で、変更可能性も高くなるのです。

　一般的に購入権限を調達・購買部門へ一元化すると、費用の外部支出は少なくなります。しかし、従来の仕組みを変更するのは多大な労力が必要です。将来的な一元化を目指す準備段階として、社内で購入するアイテムの需用情報を、購入要求部門提供します。需要の高低よって価格も変動するシンプルなセオリーを活用し、適切な購入時期を提案しましょう。

5. 製造部門との関係

　製造部門は、サプライヤから納入された材料や購入品を使用して、自社製品を完成させます。加工や組立工程で、実際に納入品を扱い、直接的ではないにしろ、サプライヤの先に存在する一次的な顧客です。

① 改善ネタの源泉

　製造部門は、業務を通じて、購入品に関するいろいろな問題意識やアイデアを持つ可能性は高くなります。しかし、製造部門の購入品評価をくみ取る仕組みを持っている企業は少ないのが実情です。

　こういった取り組みは、バイヤーの個人的な取り組みによって実践しているケースもあります。多くの企業で、製造部門出身のバイヤーが多く、かつての同僚達と個人的なネットワークで情報を入手し、サプライヤとおこなう改善活動に役立てていました。

　改善項目は、購入品の仕様や、機能だけでなく、納入形態や扱い方法といった、副次的な内容も含まれていました。製造の現場では、購入品本来の目的な機能と同じく、付き従う点の改善が、効率に大きな影響を及ぼす場合があります。例えば輸送中の品質維持を目的にして、強固な梱包で搬入される場合、開梱作業には手間がかかります。開梱する時間と、輸送中の品質維持に必要なこん包内容のバランスは、バイヤーだったら問題提起が可能です（**図3-14**）。もし、梱包を簡易的な仕様にすれば、コストメリットが発生します。

図3-14　バイヤー同様の改善ネタを見つける

② 現場の声に耳を傾ける

　①で示した事例は、現場の「不満」を起点にしています。他人の不満を聞くのは、心穏やかではありません。しかし、耳に入った「不満」が解消され、不満を漏らした人には、作業性が向上するメリットが生まれ、調達・購買部門には購入費が削減されるとしたら、これは立派な業務になります。

　これまで現場部門と関係をもっていなかったバイヤーが、いきなり「話を聞かせてくれ」と言っても、現場部門から賛同を得られる可能性は少ないでしょう。どの企業でも現場部門の「内と外」の間には大きな壁が存在します。元製造部門バイヤーは、そういった壁を越えやすい条件を兼ねそなえていました。そういった環境は調達・購買部門内で共有化し、現場の声を聞く機会を他のバイヤーに広めます。もし、調達・購買部門内にそういった製造部門の間にある壁を越えやすい背景を持った人がいなければ、組織的な活動として、定例の情報交換を製造部門に申し入れて、現場の声に耳をかたむける機会を設定します（図3-15）。

　こういった取り組みは、サプライヤでも非常に効果的です。バイヤーがサプライヤを訪問し、製造現場を見学する場合を想像します。案内してくれるのは、製造部門の責任者や、営業担当者でしょう。そういった場合に、現場の担当者に少しだけ話をする時間をつくってもらいます。

「（自社の製品名）を作る上で、なにか問題はありませんか？」

図3-15 現場の声に耳をかたむける

この質問だけをぶつけます。特に問題がなければ、回答もないでしょう。しかし、大きな問題意識を持っている場合は、ここぞ!とばかりに話をしてくれる場合があります。もし、なにか具体的な指摘がある場合は、大きなチャンスです。その場でヒアリングの継続は避け、詳細の確認はサプライヤに委ねます。話してくれたお礼と、解決へむけて話しあう旨を伝えます。

③　改善活動で協力

サプライヤから購入する製品は、どんな生産要素が含まれているでしょうか。自社と同じ、もしくは類似した生産要素を活用している場合もあるでしょう。そういった場合、自社とサプライヤの双方の製造部門で、改善成果の報告会を開催します。明らかに、自社側にノウハウがある場合には、改善指導をおこないましょう。ユニークな改善事例がサプライヤにあれば、自社の改善に役立ちます。逆のケースでは、サプライヤの現場改善によって、生産効率やキャパシティが向上し、自社に大きなメリットをもたらす可能性もあります。

こういった取り組みの実現に自社とサプライヤ双方の説得には多大な労力が必要です。こういった取り組みに発展させるためには、まずバイヤーがサプライヤの現場を理解し、問題点のヒアリングを「きっかけ」にします（**図3-16**）。

図3-16　現場のノウハウの共有化

6. 物流部門との関係

　多くの日本企業は、物流部門を軽視しているといわれています。一方で、目ざとく物流の重要性に気づいた企業は、国内のすみずみまで物流網を整備し、われわれの生活を豊かにしています。地方の名産品、仮に「生もの」でも、購入できるのは発達した物流網と仕組みの賜物です。

　物流を考える場合、まず運ばずに済ませる方法を考えます。IT技術の発展は、情報の輸送コストを限りなくゼロへと近づけています。しかし、手にとって使用するモノは、なんらかの物流手段によって運ばれます。快適な生活をするために、物流は不可欠です。メーカーの効率的な運営に物流は大きく貢献するだけではなく、企業の競争力を構成する重要な優位性の源泉となる可能性を秘めています。果たして調達・購買部門は物流部門とどのようにかかわっていくべきでしょうか。

① 物流コストに注目する

　調達・購買部門が管理する購入品は、自社迄の輸送費を購入価格に含んでいます。実務面では、注文書を発行すれば、納期になれば自社に納入されるので、とても便利です。しかし、こういった日本の商慣習によって、バイヤーが輸送費に無頓着になっています。自社に近いサプライヤで、営業パーソンが社有車で納入する場合、輸送費はサプライヤ社内の営業経費に含まれています。この場合、サプライヤ自身も輸送費には無頓着です。しかし、自社から遠く、運送会社によって納入される場合は、サプライヤから輸送会社に費用を支出しています。この2つのサプライヤからの購入価格が同じだった場合、生産に必要なコストの競争力はどちらが高いか。見積書上の価格と異なる優劣が、輸送費を合わせ考えれば明白になるかもしれません。

　物流コストに注目する第一歩は、見積依頼時に金額明細の提出を要求し、輸送費を別項目で提示してもらいます。営業パーソンが納入している場合は、明確な費用の区分けができないと回答があるでしょう。その場合は、他の顧客で運送会社を使用している場合のコストの考え方をヒアリングします。

製造コストと輸送コストを分けて考えて、適正な評価へとつなげます。その場合、自社の物流部門にアドバイスを求め、自社のもつノウハウを調達・購買業務に役立てます（**図3-17**）。

図3-17　物流コストに注目する

② 生産計画とリンク

　サプライヤへの納入期日の指定は、生産管理が立案する生産計画によって決定されます。生産に必要となるタイミングで納入計画を立てているはずです。自社の生産計画の精度が高ければ、納入指示の順守が必要です。問題は、サプライヤにのみ厳しい納期設定を強いて、自社の生産計画の精度が高くない場合です。納入頻度を細かく指示したものの、購入品が社内に納入頻度のインターバル以上に滞留しているなら、納入指示順守に費やしているコストが無駄になっています。

　このような自社の生産の実態は、物流を管理する部門からヒアリングをして明らかにできます。毎日納入日を設定しているものの、数日間の滞留が常に生じている場合は、数日間のまとめ納入を実現して、サプライヤ側の多頻度納入による運送費の負担を軽くする取り組みを試みます（**図3-18**）。

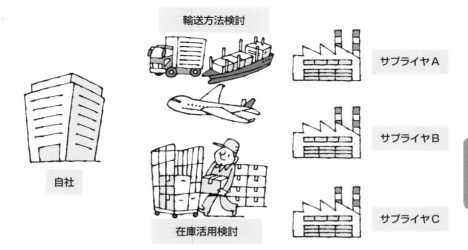

図3-18　生産計画とリンクした納入の実現

③　適切な物流業者選定をサポート

　外部の物流業者に輸送を依頼している場合、購入品を発注するサプライヤと同じプロセスで、輸送業者の選定や継続発注時の評価のサポートを物流部門へ提供します。また、自社と相手先の二点間の輸送だけでなく、梱包作業や在庫管理といった物流プラス α の外部リソースの活用を物流部門へ提案します。こういった物流プラス α の付加価値部分は、調達・購買部門が持っているサプライヤの調査能力を活用し、情報収集をおこなって物流部門へ提供し、効果的な物流業者の選定を後押しします（**図3-19**）。

　また、自社構内物流とサプライヤからの輸送の引継ぎを効率的に実現する取り組みも、物流部門と調達・購買部門、サプライヤの三者で協議できます。物流の基本は、いかに運ばずに済ませるか。しかし、運ばざるを得ない場合は、最低限のコストで、品質を確保しタイムリーな納入を実現させるために、自社の持つノウハウや都合を調達・購買部門も理解して、サプライヤと協業を実現させます。

図3-19　物流プラスαを含め、適切な物流業者選定をサポート

7. 品質管理部門との関係

　品質確保への取り組みは、発生させた不具合を市場に流出させない管理から、発生させない管理に進化しています。そういった進化をサプライヤからの購入品の品質確保に生かすためには、サプライヤに入り込んだ確認の結果で実現する流出防止と、自社への流入防止によるダブルチェックが必要です。

　サプライヤからの購入品の品質管理は、その責任部門が企業によって大きく異なります。品質保証部門にサプライヤの品質管理をおこなう機能を持っている場合もありますし、調達・購買部門内に持っている企業もあります。どのような責任分担であっても、サプライヤ管理の主体は調達・購買部門です。品質保証部門とは、企業による役割分担の中で、自社の顧客へ提供する製品の品質を担保するための取り組みを考えます。

① 不具合流出入防止の取り組み

　サプライヤから不具合を流出させないために、生産各工程での確認や、出荷時の検査がおこなわれ、かつ正しく機能しているかどうかを、サプライヤ側に立って確認します。こういった取り組みは、調達・購買部門でおこなう定期的なサプライヤ継続採用審査とリンクさせて、品質保証部門でも日常業務化し、協力して品質確保を実現します。

　そういった取り組みが機能していても、人が介在する以上、ミスは発生します。そのミスを自社の水ぎわで防ぐ取り組みが受入れ検査です。これは、サプライヤの品質管理状況に応じて、検査頻度をコントロールします。不良率が低く、ほぼ良品しか納入しないサプライヤなら、受入れ検査のインターバルを長くし、かつ抜取りによる検査で、品質の担保を確認します。この取り組みでは、個々の購入品の品質状態と同時に、サプライヤでの出荷検査時の不良率の変化をモニターして、自社の受入れ検査実施頻度の判断基準とします（図3-20）。

　サプライヤ出荷時の不良率のデータは、サプライヤと信頼関係がなければ、提供されません。また、不具合の発生を一方的に責めて、再発防止策をサプライヤでのみ検討し実行させる自社の姿勢では、発生した不良の内容や件数は公開され

ません。「不具合は発生する」を前提条件として、自社から顧客に不良品の流出防止を共通の目的にした協力体制の構築を、調達・購買部門は推進します。

図3-20　不具合流出入防止の取り組み

②　変化への対応

　毎日同じ作業を繰り返していても、天気や気温、作業員の体調や原材料の状態は、毎日違います。そういった違いの中で、発注内容に記載された仕様や機能に代表される品質の維持をサプライヤへ求め、自社は監視し品質を維持しています。問題は、わずかな変化ではなく、普段とは異なる大きな変化がサプライヤで発生している場合です。

　例えば、従来担当していた作業員が、体調を崩して別の作業員が担当した。サプライヤの社内改善によって、工程の一部を変更した。こういったわずかな変化とは違うものの、自社へ報告するほどでもない変化は、不具合発生の可能性が高まる瞬間です。これは、変化の内容によって、サプライヤから自社へ報告を求めます。

　工場を変更する生産移管や、生産方法の変更といった大きな変更が発生する場合は、自社への報告をルール化します。そして過去と同じ品質が確保できているかどうかを文書やサプライヤを訪問して確認すると同時に、受入れ検査でも検査の頻度をアップさせ、サプライヤでの対応の妥当性を検証します（**図3-21**）。

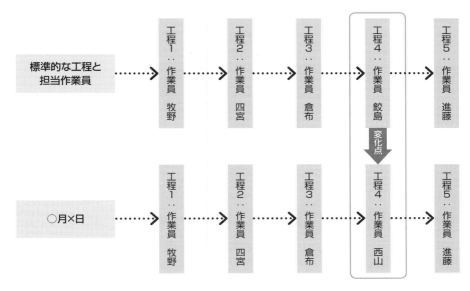

図3-21 変化への対応

③ 不具合発生時の調達・購買部門の役割

　これまでに述べた対策を施しても、サプライヤからの購入品で不具合が発生する場合があります。厳格なスケジュール管理をおこない、在庫を持っていない場合は、購入品の不具合は、自社の顧客の契約納期に大きな影響をおよぼします。

　不具合対応は、緊急対応と恒久対応に分けて考えます。緊急対応は、不具合を解消した購入品の確保です。不具合を発生させた製品を手直しできる場合は、修正スケジュールの立案と、自社内工程の調整をおこないます。守るべきは顧客の契約納期で、その順守に全力を傾けます。

　恒久的対応には二つあります。まず、再発防止策の徹底です。発生させた不具合の原因を究明し、二度と発生させないための対策をサプライヤに立案・実施してもらいます。自社では、正しい対策を施しているかどうかの確認をおこないます。

　また、不具合の発生内容によって、対応には自社でも費用が発生しています。調達・購買部門では、外部支出、内部負担の双方で、不具合の発生によるコストインパクトを算出します。算出した金額は、サプライヤの責任度合いによって、

実際に請求します。請求しなくても、金額規模と内容を明らかにして、サプライヤの評価には確実に反映させます（**図3-22**）。

図3-22　不具合発生時の対応

8. 管理（サポート）部門との関係

　総務や人事、経理部門と調達・購買部門の関係は、二つの側面を持っています。一つは、購入要求部門として調達・購買部門の前工程であること。もう一つは、調達・購買部門の業務内容やアウトプットが、各部門での業務に影響を与えることです。したがって、各部門に調達・購買部門の業務内容やマネジメントサイクルの理解をうながし、双方がリソースを活用して、企業目標の達成へむけた協力体制を構築します。

① 総務部門との関係

　総務部門との関係は、規制や法律対応に関するサポートの窓口である点が、もっとも重要です。下請代金遅延等防止法順守や、契約書や覚書の適法性の確認は、コンプライアンスの基本となります。近年では、CSRや環境面での配慮の必要性が高まっています。

　また社内各部門が円滑な企業運営をおこなうためにも、オフィスに代表される設備の維持管理をおこなう部門です。支出額も比較的大きいため、適正な支出管理に調達・購買部門のサポートは不可欠です。総務部門からの支出の実態をつかんで、支出先の代替案を提案や、費用支出に対する効果の最大化を目指すサポートをおこないます（図3-23）。

図3-23　法律面でのサポート

② 人事部門

　企業のもっとも重要なリソースである社員の適正配置をおこない、社員のレベルアップをはかる責任を持つ人事部門。経営環境と事業内容の変化によって調達・購買部門に必要なスキルも変わっている点は、人事部門に伝えなければなりません。伝達する目的は二つあります。

　一つ目は、在籍している社員のスキルアップを目指した教育プログラムの整備です。従来からおこなわれている契約締結や、交渉実践に加え、自社の置かれた状況を踏まえたプログラム整備を要望します。海外展開をおこなっている場合は、異文化コミュニケーションや、マネジメントといった内容を加え、生産管理部門や物流部門と共同で、サプライチェーン全般をマネジメントするためのプログラム設定を依頼します。

　二つ目は、必要な人材を外部から確保する場合のスキル設定です。人事部門は、少しでも優秀な人材を外部から獲得するために、あれもこれも対応可能な調達・購買スーパーマンと思うような人材を外部に求めます。どういったスキルをもった人材が不足しているのかを突き詰め、不足しているスキルの専門性の高い人材の採用が、採用による波及性も高く、速効性も期待できます。人事部門には、調達・購買部門のニーズを確実に伝えて、適切な採用活動をサポートします（図3-24）。

図3-24　人的リソースの確保

③ 経理部門

　経理部門は、購入要求部門としてよりも、調達・購買部門で管理する費用支出と、コスト削減といったアウトプットに関連した関係を意識します。また、購入品が納入された後に、円滑に契約条件にそった支払を実行するのも経理部門の任務です。

（1）実績情報の提供

　調達・購買部門の業績評価は、自部門でもおこない、結果の検証は経理部門から提供されるデータでおこなわれます。調達・購買部門で「実現した」として報告されたコスト削減額が、ほんとうに実現しているかどうかを判断できるのは、経理部門の集計結果です。もし、調達・購買部門と経理部門の集計結果に違いがあれば、内容を明確にし、将来的な対応を協議します。

　こういった情報以外にも、予算と実行管理の一貫として、各部門における外部支出先と額の集計もおこなっているはずです。調達・購買部門が自社にない外部リソース活用のプロであるならば、調達・購買部門の関与していない外部支出には、サプライヤ選定から、価格交渉と行ったプロセスのサポートを提案する元データになるはずです。

　経理部門がおこなう決算は、その結果で一喜一憂するだけではなく、次の会計期にどういった改善をおこなうかを読み解く重要なヒントが満載されています。そのためには、調達・購買部門で会計情報を読み解く教育だけでなく、自社の経理の仕組みに関するレクチャーを受ける機会を設けて、経理部門の業務内容の理解も非常に重要です。

（2）コスト削減基準の設定

　調達・購買部門への社内のもっとも大きな期待は、購入コストの削減です。しかし、削減するためにはスタート地点を設定しなければなりません。このスタート地点は、予算で設定されます。

　予算設定のプロセスに、調達・購買部門が参加しているでしょうか。一方的な都合を考慮した予算ではなく、サプライヤや市場環境を踏まえた予算とするために、調達・購買部門も予算設定プロセスに参加します。例えば、原材料費市況の高止まりが続いているなかで、購入品によっては購入価格の低減ではなく、値上げの抑止がテーマになる事態も十分に想定されます。売価アップが簡単ではない

といった意見に押しきられるのではなく、コスト削減も非常に困難であり、サプライヤからの妥当性のある値上げは、安定供給の観点からも受け入れざるをえないといった主張をおこないます。当初から達成の可能性が少ない予算よりも、簡単には達成できないけれども挑戦の価値があるバランスの取れた予算設定には、調達・購買部門が声を出さなければなりません。市場環境や、市況の変動といった外部環境の要因をわかりやすく経理部門に伝えて、理解を求めます（**図3-25**）。

予算設定プロセスへの
積極的な参画

経理会計システムの理解

図3-25　コスト削減プロセスへの参加

9. 対等な社内地位の確立を目指して

　調達・購買部門の社内的な地位が低いと嘆くバイヤーが目立ちます。では、なぜ地位が低いのか、その理由を考えました。地位の高い低いは、どのようなタイミングに判明するのか。それは、自分達の仕事を社内関係者から理解して貰えなかった、話も聞かずに一方的な目標値を押しつけられた、そんな場面の積み重ねが、地位が低い認識につながっているのでしょうか。

　正直に言えば、調達・購買部門の地位が低いのではありません。調達・購買部門で働く人が、他部門から事業への貢献度が低いとみられている、そう考えるのが妥当だと考えました。筆者が勤務した企業の調達・購買部門も、社内的な地位は決して高いとは言えませんでした。そんななかでも、他部門から信頼が厚く、サプライヤにも影響力を行使して、社業に貢献するバイヤーがいました。そんな優秀なバイヤーを10年以上観察した結果、調達・購買部門として他部門に対し貢献する。その結果、他部門にも影響力が生まれ、業務の好循環が生まれてきました。いうなれば、たまたま調達・購買部門に配属され、会社の命でサプライヤの顧客としての立場で仕事をしているものの、実態はまったく顧客ではなかったのです。当たり前ですが、調達・購買部門では意外に難しい立ち振る舞いです。本章でご紹介した内容を「そこまでやるべきもの」と感じてしまった場合、それはサプライヤの顧客の立場に甘んじてしまっている証です。サプライヤに対しては顧客の立場を演じなければならないのです。

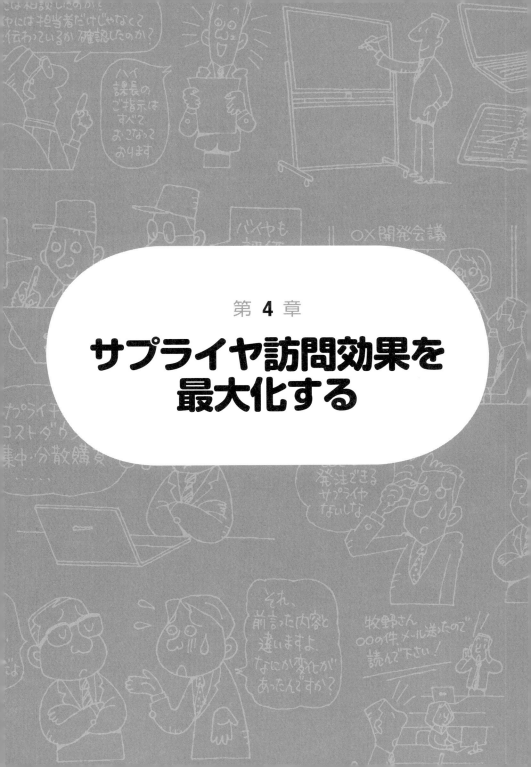

第 4 章

サプライヤ訪問効果を最大化する

サプライヤ訪問は、バイヤーにとって自社内での活動とともに、もう一つの「現場」の訪問です。日常的に出勤する自社と異なり、サプライヤ訪問は多くても年数回です。機会が限定される分、訪問するときには、欲ばりにできるだけ多くの情報を収集し、いろいろな種を蒔（ま）いて、訪問後の業務に役立てます。

　まず、調達・購買部門の年間計画は「サプライヤ訪問計画」を含めて立案します。バイヤーあたり2社／月程度、年間で20社程度の訪問計画をあらかじめ立案します（**図4-1**）。

	訪問先	実施内容	スケジュール 2016年 4月〜12月 / 2017年 1月〜9月
(1)	四宮テクノス	不具合解消状況確認 採用継続審査	▽……◎（5〜6月）
(2)	倉布工業	新規開発状況フォロー 採用継続審査	▽……◎（6〜7月）
(3)	沢渡精密	定例コストダウン検討会 採用継続審査	▽……◎（7〜8月）
(4)	坂口ハイテック	前年度採用 初回継続審査	▽……◎（8〜9月）
(5)	鮫島重機械	不具合解消状況確認 採用継続審査	▽……◎（9〜10月）
(6)	江藤精機	新規開発状況フォロー 採用継続審査	▽……◎（10〜11月）
(7)	港北工業	新規開発状況フォロー 採用継続審査	▽……◎（11〜12月）
(8)	鈴木精密工機	定例コストダウン検討会 採用継続審査	▽……◎（12月〜1月）
(9)	進藤塗装	定例コストダウン検討会 採用継続審査	▽……◎（2〜3月）
(10)	株式会社マキノ	新規開発状況フォロー 採用継続審査	▽……◎（3〜4月）

▽：訪問タイミング
◎：訪問後アクション完了見通し

年間計画立案と四半期ごと見直し

図4-1　サプライヤ訪問　年間計画

　訪問するサプライヤは、前年度のサプライヤ評価と、当年度の年間計画から重要と位置付けられたサプライヤを優先して決定します。訪問タイミング決定は、購入品個別テーマの優先度によります。また、サプライヤの決算期によって決める方法もあります。その場合は、決算月の1〜2ヶ月前を目安にします。翌年度にむけて、サプライヤがどのような計画を立てているのかを確認し、自社の要望を翌年度計画に反映してもらいます。

サプライヤの訪問は、目的を明確化し、サプライヤに的確に伝達しておこないます。新規サプライヤ採用を目的にした訪問では「自社に納入可能な品質か」の確認です。継続採用審査は「これからも自社に納入可能かどうか」「前年度の確認内容が維持されているかどうか」になります。また、不具合を発生させたサプライヤは、問題点の解消が確実におこなわれているかどうか。コスト削減活動だったら、全体スケジュールの進捗状況や、問題点、阻害要因の有無を直接聞いて、計画を進める方策の確認です。

初めての訪問するサプライヤは、次の四点は必ず確認します。調達・購買部門で発注業務をおこないサプライヤを管理する場合は重要な情報です。

① 注文処理プロセス

自社からの発注がどのように処理され生産されるかを、各プロセスの担当部門と所要日数の二点を中心にして、サプライヤに説明を求めます。また、新規の見積依頼への対応プロセスも合わせて確認します。各プロセスがサプライヤ内で整備され、かつその通りに実行されていれば、説明もわかりやすいでしょう。しかし、説明内容があやふやな場合や、サプライヤ側の出席者間で認識の違いが顕在化する場合は、今後トラブルが発生する可能性が高くなります。

② 生産計画立案方法

サプライヤ内で立案する生産計画の種類と時期を確認します。生産計画のセオリーでは、大日程計画から、中日程、小日程へと、実行日に近づくにつれて、詳細化・具体化した計画となります。どういったタイミングで、どんな計画が立案され、実務へと展開されるのか、その流れをヒアリングします。この情報は、見積書に記載されたリードタイムの確認と、需要変動へ対応可能なタイミングの掌握に役立ちます。また、仕様や、納期、数量の変更可能なタイミングを理解するうえでも重要な情報です。

③　外注管理方法

　調達・購買部門が訪問した場合、サプライヤの主要な対応者は営業部門です。しかし、サプライヤで原材料や部品を調達している場合は、その管理状況によって購入品の品質に大きく影響します。この点は、バイヤーが業務を円滑に進め、品質を確保する仕組みを理解していれば、明確な判断基準をもっているはずです。訪問者であるバイヤーの得意分野ですから、サプライヤの調達・購買部門へ説明を求めます。

④品質マネジメントシステム

　品質マネジメントシステムは、その説明のタイミングがポイントです。おこなわれる説明は、会議室、机上でおこなわれます。実際に現場で、机上の説明通りに実行されているかどうかを対比するための判断基準になります。どこのサプライヤも、説明自体は慣れているし、資料もそろっているでしょう。しかし、それだけでは満足できません。現場で、文書化された内容が実行されているかどうかを確認します。

1. 会議室・応接室にて

① どこに座るか

　会議室に通されてどこに座るか。着席場所の判断基準は、上座や下座ではありません。バイヤーにとってサプライヤの会議室は「アウェイ」です。相手のホームでおこなわれる打ち合わせや交渉は、基本的に「不利な状況」であると認識します。

　調達・購買部門は、どんな状況下でもサプライヤをコントロールしなければなりません。したがって、不利な状況であるサプライヤの会議室では「場の支配」がしやすい着席場所を選びます。場を支配するもっとも簡単な手段は、討議内容を書き出すホワイトボード近くです。説明内容がわかりづらかったら図式化し、討議内容をバイヤーがみずから積極的にホワイトボードへメモします（**図4-2**）。

　書いた内容は、そのまま議事メモとしても活用可能です。打ち合わせが終わる前に、書いた内容を読みかえして、打ち合わせ内容を自社とサプライヤのコンセンサスにします。

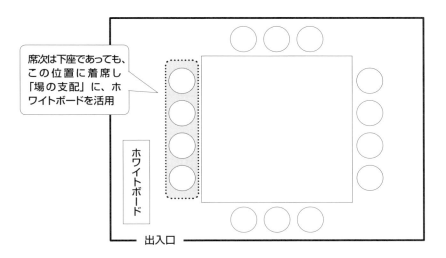

図4-2　会議室レイアウトと適切な着席位置

② 「会いたい人」を考えておく

　会議室に、サプライヤ側のメンバーがそろったタイミングで、どんなメンバーが出席しているかを確認します。注文処理プロセスに登場する部門から出席していない場合は「御挨拶させてください」と申し入れます。事前に予定していなくても、御挨拶だけ10分程度とお願いしてみます。

　また、あらかじめ出席してほしいメンバーを連絡するのも一案です。その場合は、サプライヤ訪問に当たって、これまでに面談したメンバーを確認します。まだ面談していない部門があれば、訪問依頼の際に面談希望の対象者（部門）を申し入れます（**図4-3**）。

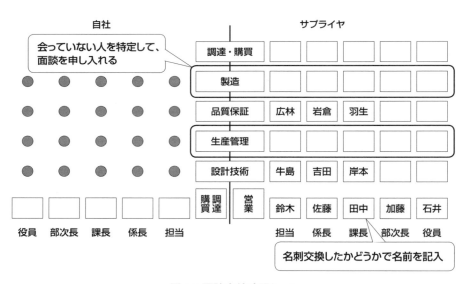

図4-3 面談実績確認シート

③　プレゼンテーションを準備する

　サプライヤ訪問は、サプライヤにとって「顧客の訪問を受ける」機会です。しかし、バイヤーが顧客として「説明を聞く」や、「見学する」と立ち振る舞っては貴重な訪問機会を十分に生かせません。もちろん、サプライヤの最新状況の理解し、説明に注意深く耳を傾け、現場の確認は不可欠です。しかし、それだけでは訪問の成果は不十分です。

一般的に、バイヤーはサプライヤの営業担当者と話をします。しかし、購入品は、営業部門以外の各部門で生産されます。サプライヤの訪問は、生産の当事者に会える貴重な機会であり、自社の主張を直接伝える数少ない場です。自社の考え方や方針を示す具体的なプレゼンテーションを準備します。次の三つのポイントは必ず網羅します。

（1）自社事業へ貢献のお礼
　訪問しているサプライヤの協力なしには、事業が成り立たない旨を述べ、頭を下げお礼を申し述べます。一般的なサプライヤであれば、この行為でその場の雰囲気が引き締まります。バイヤーの訪問で、頭を下げられかつお礼を言われた経験が極めて少ないのがその理由です。

（2）購入品の使用目的と評価
　購入した製品が、自社製品のどの部分で使用されているかをわかりやすく図や写真を用いて説明します。「この部分で、こういった機能を発揮します」といった簡潔な内容で構いません。特殊な用途がある場合は、一般的な用途に加えます。多くても三枚程度のスライドで説明します。

（3）サプライヤへの要望
　コストに関連する内容よりも、自社の顧客視点でのニーズを根拠にした要望を伝えます。一般論のコスト削減や、品質改善、納期短縮ではなく、顧客のニーズに対応するために何をすべきかを伝えます。結果的に、コストや品質、納期につながりますが、ポイントは自分達が顧客ニーズの実現に取り組んでいる姿勢を明確に伝え、姿勢の共有化をうながす点です。プレゼンテーションの後に、打ち合わせがひかえている場合は、その場の雰囲気作りにも役立ちます。

　こういった内容で、プレゼンテーションを「10分以内」にまとめておこないます。できれば5分。本当に簡潔で構いません。逆に長時間のプレゼンテーションは避けます。サプライヤの出席者からすれば、バイヤーのプレゼンテーションがめずらしいので、まず実行が肝要です。

　1回プレゼンテーションしたサプライヤへ再訪問する場合は、当然前回と異なるプレゼンテーション内容にします。

④スケジュールの確認

　サプライヤによっては、事前に訪問当日のスケジュールを連絡します。訪問までに明確なスケジュールの説明がなければ、当日その場で必ず確認します。テーマによって、できるだけサプライヤ側の出席者を限定させ、サプライヤの業務へ配慮する姿勢と、バイヤーがスケジュールを守ろうとする姿勢が、結果的に時間厳守に厳しいバイヤーとの印象を植え付け、購入品の納期順守にもつながっていると認識させるためです。打ち合わせの内容によって、長時間の対応を余儀なくさせる場合は、バイヤーからサプライヤへの時間確保可否を確認します。

　めったにおこなわない訪問の機会だからこそ、サプライヤはバイヤーの要望に最優先で対応すべきとの考えもあります。しかし、顧客の立場の訪問であっても、常に相手へ配慮する姿勢を示します。

2. 工場見学にて

　原材料や部品を購入するバイヤーにとって、サプライヤの工場は最前線の現場です。近年では、工場や生産ラインに、企業の付加価値の源泉があるとの理由で、簡単に工場見学できない場合もあります。工場への立ち入りが許されても、見学コースを厳格に規定しているケースもあります。こういった動向から判断し、工場に立ち入って見学が許されるのは、本当に貴重な機会と認識します。どんなサプライヤでも、見学時には制約がありますので、そのなかで最大限の情報入手をおこないます。

① 自社へ不良品の流入防止を低コストで実現しているかどうかを確認する

　バイヤーの工場見学は、サプライヤのもつ技術やノウハウの入手が目的ではありません。また、バイヤーがもつ設備や工法に関する知識をひけらかす場でもありません。自社が希望する仕様や機能を兼ねそなえた購入品が、使用可能な品質を維持しているかどうかの確認が目的です。特に複合的な生産要素を組み合わせて最終的な製品となる場合、最終的な出荷検査で個々の生産要素に関する品質確保の確認をおこなうのは困難です。したがって、一つ一つの生産工程で、後工程に不具合品を送らない仕組みがあるかどうか。工程ごとに作業が確実におこなわれたかどうかを確認するプロセスの有無をチェックします。具体的には、次の三つの整備状況を確認します（**図4-4**）。
（1）工程ごとに作業手順書が準備されているかどうか
（2）作業手順書通りにおこなわれたかを確認するチェックシートがあるかどうか
（3）作業者とチェックシートの確認者が別にいるかどうか
　作業手順書の作成は、サプライヤのノウハウが明文化され、作業内容の均一化とノウハウの維持・継承されていく最低条件です。また、作業が確実に実行されたかどうか、作業者と、作業者以外の第三者が確認する仕組みは、不具合を後工程に流出させない歯止めには必要です。

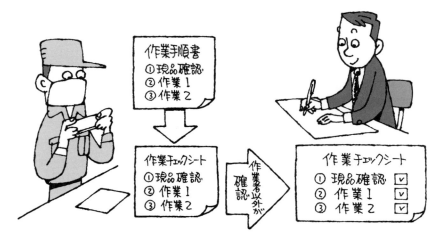

図4-4　作業手順と作業チェックシートの作製

② 工場見学は、生産フローの順番で、とお願いする

　顧客の受け入れに慣れているサプライヤなら、工場見学のコースがあらかじめ決まっている場合もあるでしょう。工場全体を掌握するなら、あらかじめサプライヤが設定したコースでも構いません。しかし、できれば自社で購入する製品の生産フロー順の案内をお願いしてみます。生産フローでおこなう工場見学の起点は、サプライヤが購入する原材料や部品の受け入れ場所や倉庫になります。その場で、生産現場への払い出しの仕組みを含めて確認をスタートさせます。どのようなプロセスでものづくりが進み、完成するかを確認し理解を深めます。

　生産フロー順の工場見学が受け入れられたら、見学した場所と順番を必ずメモします。最近では現場の写真撮影は断られるケースが多いので、どんな現場名称で、どんな作業をおこなっていたかを記録に残します。後日、なにかサプライヤで問題が発生した場合、具体的に問題が発生したプロセスのイメージが容易となります。

　確認の結果、工場のおおまかなレイアウトとともに、**図4-5**のようなメモを残します。これは、筆者があるサプライヤを訪問して作成しました。このサプライヤの場合、複雑なプロセスで生産しており、異なる部品が同じプロセスを複数回経由するだけでなく、工場規模に対して、製品完成までの移動距離が長いと判断

できます。このサプライヤは、後日工場を新設し、こういった複雑なプロセスをシンプルかつ一方向の移動に改善しました。

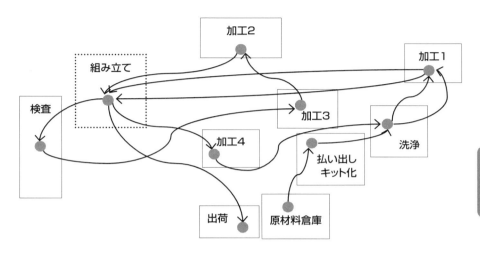

図4-5　工場のおおまかなレイアウトをメモする

③　必ず指摘する

　工場見学の後、講評やコメントを求められる場合があります。製造業のバイヤーでも、昨今ではその多くを文系社員が担っています。そこで「ものづくりはわからない」とコメントを諦めるか、何とかコメントするかは、サプライヤにとって手ごわいバイヤーに映るかどうかの別れ道です。

　最近では、YouTubeに生産工程のビデオが投稿されています。訪問するサプライヤの工程ではありませんが、自分が購入している製品が、どんなプロセスで完成するのかを理解するには大きな手掛かりになります。ビデオの内容をメモして、大きく異なっている点があれば質問します。もっとも指摘しやすいのは5Sです。また、原材料や部品の受け入れ状況や、払い出し状況、各工程における確認行為について、もう一度説明を求める形でも構いません。どんな内容であれ、何らかの発言をおこないます。それが、時間を割いて工場を案内してくださったサプライヤの皆さんへの礼儀と心得ます。

ただ漫然と工場見学するだけでは、なかなかコメントや質問も出にくいかもしれません。そういった場合は、自分が確認する基準として「工場見学時のチェックシート」(**図4-6**)を準備して、見るべきポイントをあらかじめ準備しておきます。

1．工場見学時のチェックポイント	
①作業環境の管理状況	
（1）温度	
（2）湿度	
（3）照度	
（4）騒音	
（5）粉じん	
（6）悪臭	
②従業員の出勤状況がわかっているか	
③掲示板はあるか。最新の生産状況が確認できるか	
④安全管理（緊急時の避難路確保、製品や設備の配備状況）はできているか	
⑤レイアウトはわかりやすいか	
（1）通路と作業現場	
（2）原材料・仕掛品・部品・完成品のスペース	
⑥現場で将来計画がわかるようになっているか	

図4-6　どんな工場でも確認するポイント（工場見学時のチェックシート）

3. 監査にて

　新規採用時や、継続採用時には、サプライヤの品質管理の実施状況を中心に監査をおこないます。前項の「工場見学」と分けているのは、品質管理システムを確認する「仕組み」の確認と、実際にシステム通りにおこなわれているかどうか「実行」確認の双方が必要なためです。企業によってサプライヤ監査は、バイヤーではなく品質保証部門や、別に担当者が設定されている場合もあるでしょう。サプライヤ監査に主担当でなくバイヤーとして立ち合うケースも想定できます。しかし、サプライヤ訪問時にいつも監査担当者が同行できるとは限りません。新規サプライヤの採用可否を見極めるにも、サプライヤ監査のノウハウは活用できます。サプライヤ監査のポイントを理解して、日常業務に役立てます。

① まずサプライヤに自己評価してもらう

　監査をおこなうためには、まず自社が部品や材料を購入に際してサプライヤが実現する条件を明確にしなければなりません。設定した条件は、新規採用時にのみ達成するわけではなく、購入を継続する期間、維持されなければなりません。自社でサプライヤ選定基準を設定し、新規採用時と、継続採用時に、どんなレベルにあるのかを判断し、発注可否を判断します。

　明確にした自社のサプライヤ選定基準で、まずサプライヤに自己評価をお願い

図4-7　サプライヤに自己評価してもらう

します。評価の基準や判断材料のサンプルを提示し、どのレベルにあるかを判断しやすくします。これは、自社がどのような基準でサプライヤを評価するか、その「価値観」を提示する意味があります（図4-7）。

② ギャップを見つける

同時にバイヤーもサプライヤを評価し、サプライヤの評価結果と対比させます。ポイントは、どちらの評価が良いとか悪いではなく、二つの評価が異なっていた点です。バイヤー評価が低いにもかかわらず、サプライヤの評価が高かった点、あるいはその逆の点に注目します。自社とサプライヤのどちらの評価が良くても悪くても、注目すべきは「違い」です。評価が異なっている部分は、自社とサプライヤの価値観の違いです。その違いを明らかにして、発注後のトラブル発生を防止するために更に確認を進めます（図4-8）。

図4-8　評価結果の突き合わせによる対比

まず、サプライヤに評価した根拠を質問します。必要に応じて根拠を示す現場や業務で使用している資料を確認します。サプライヤの評価結果と、現場での実行内容との間にギャップが存在する場合もあります。あるいは、表現や理解の勘違いもあるでしょう。そういった確認を含め、双方が納得する評価結果を探ります。この段階も評価結果の良い悪いではなく、双方の納得が重要です。将来のビジネスに必要な価値観を調整して、自社とサプライヤで共有します。自社の評価姿勢もかたくなにならず、サプライヤの説明に納得できる場合は、評価結果を変更する柔軟性が必要です。

③ 監査後のアクションを決定する

　自社とサプライヤの双方の評価結果のギャップを解消し、双方納得しました。ここで、初めてサプライヤが採用できるかどうか判断可能になります。継続審査で問題ない場合は、現状維持を申し入れます。しかし監査の結果、自社の要求レベルに達していないにもかかわらず、発注せざるを得ない場合は、改善活動が必要です（図4-9）。

図4-9　監査後の改善計画

　具体的に要求レベルに達していない点について、ギャップの内容を明確にします。そのうえで、現状のままでやむを得ずと判断しサプライヤへの改善要請を見送るか、それともサプライヤに要求内容の実現を申し入れるかを決定します。「現状でやむを得ない」と判断する場合、要求レベルに達していない部分を、自社でカバーしなければなりません。その具体的な方法は自社内で検討します。サプライヤに要求レベルの実現を申し入れる場合は、具体的な取り組みの内容と、実現のスケジュールを決めます。そのうえで、実現した後に再度監査をおこなって、要求レベルの到達状況を判断します。

　現状でやむを得ないとするか、それとも要求レベルの実現を申し入れるかは、自社とサプライヤの力関係、購買力によって決定されます。自社の要求内容が高く、サプライヤの他の顧客と比較して特別な対応が必要な場合、購入金額や量によってサプライヤ側で対応するかしないかが決定されます。バイヤーは、対応によって品質レベルが向上し、サプライヤにもメリットがあるといった点をねばり強く説明する姿勢も必要です。

4. 立会検査にて

　立会検査は、サプライヤの出荷前に、自社の要求内容が適正な品質とともに確保されているかどうかを確認するためにおこないます。外観品質や寸法を検査したり、機能を確認したり、確認する内容は購入品によって多岐にわたります。検査時間と内容によって、リードタイムも長くなり、検査に要するコストが発生します。立会検査の実施に際しては、その必要性を、費用対効果を見極めておこないます。もし、実施する場合は、実際に購入物をじっくり観察できるチャンスです。購入機会ごとに立会い検査をおこなう場合、毎回同行する必要はありません。しかし、新しく担当になった製品は、一度立会検査を経験しておくと、購入品の理解が深まります。

① 検査基準の明確化

　検査基準は、購入要求に記載されている性能や寸法が確保されているかどうかを見極める内容です。実際はサプライヤが設定した検査内容にするのか、それとも顧客の要求事項をもとに自社で検査内容を決定するのか、いろいろなケースが想定されます。自社に具体的な検査基準がない場合は、サプライヤに検査方案（試験方案）の提出を求めます。サプライヤ側でおこなう、標準的な品質確認の方法が記載されているので、その内容で良いかどうかを検討します。

　自社と顧客との契約条件で、検査基準が決められていたり、自社内の技術・設計部門や、品質保証部門から、具体的な検査方法の希望があったりする場合は、事前に自社指定の検査方法を購入仕様に盛りこみます。事前に内容を確定させ、サプライヤ側があらかじめ良品かどうかを確認したうえで実施します。

② 立会い時の注意事項

　立会検査は、サプライヤの現場でおこなわれます。決められた現場のルールは、事前に説明を受け順守します。一般的には、次の点はどのような工場でも順守します。

(1) 工場内では、決められた服装・履物で立ち入る
(2) 決められた通路を歩く
(3) 通路を横切るときは左右の確認をする
(4) 横断歩道のあるところは、横断歩道を渡る
(5) 作業中のフォークリフトに近寄らない
(6) ホイストクレーンなどの吊り荷の下に入らない
(7) 機械やコンベアーのうえを歩かない
(8) 扉の向こう側には人がいるかもしれないので、扉は急に開けない
(9) 工場内、階段は走らない

　(2)〜(9)は、どんな工場であっても同じです。(1)は、工場で生産するモノによって、また企業の考え方によって差があります。ヘルメットや帽子を着用するルールや、眼の保護メガネの着用が必要な場合もあります（**図4-10**）。工場によって異なりますので、自分の身を守るために、ルールに沿って対処します。

図4-10　工場のルールに沿った着衣

③ 契約上の位置付けを理解する

　立会検査の実施は、明らかにサプライヤに費用面、リードタイム面で負担となります。自社の顧客との契約に含まれている場合はおこなわなければなりません。しかし、自社の都合である場合、購入頻度も合わせ考えて、できるだけ立会検査をしなくて済む方法を考えます。サプライヤの社内検査の成績表の内容確認で済ませるとか、毎回実施せずに一定納入頻度ごとに検査するといった方法です。

　また下請代金遅延等防止法（以降、下請法）における「受領」は「親事業者が直接下請事業者のもとに出向いて目的物の検査をする場合（出張検査・立会検査など）は、検査を開始した日が受領した日」と定義されています。下請法対象サプライヤで立会検査をおこなう場合は、立会初日を「受領日」と起算して支払手続を開始します。

5. コストダウン打ち合わせのとき

　調達・購買部門に寄せられるもっとも大きな期待は、購入価格の低減、コストダウンです。サプライヤにコストダウンの必要性を認識させる「伝道師」として、具体的なコスト削減活動を実行する「推進役」として、調達・購買部門の動きは非常に重要です。

　近年、購入価格の低減が難しくなったといわれます。原材料費の変動や、為替変動による影響が大きくなるなかで、人件費が高い日本の製造業が、グローバルマーケットで生き残るためには、購入コストの削減は不可欠です。購入価格が下がらないと嘆く前に、できることはすべてやったのか。サプライヤにとって顧客である調達・購買部門の立場を最大限活用して、サプライヤ訪問してじっくり購入価格低減、コストダウン対応について議論する機会を作ります。

① コストダウンの「起点」を作る

　コストダウンが難しくなった本当の理由は、いつの世も変わらず、市況変動とは別のところにあります。建前ではサプライヤもコストダウン推進に賛同します。異は唱えません。しかし、本音はどうでしょうか。コストダウンはやりたくない、これが本心です。加えて、バイヤーはどうでしょうか。バイヤーも社内からの要請や目標がなければ、可能ならコストダウンせずに過ごしたいと思っていませんか。

　コストダウンが進まない理由は、売る側と買う側双方の消極的な姿勢です。バイヤーの積極的な主導だけでコストダウンは進みません。バイヤーとサプライヤが同じく積極的ではなければ、コストダウンは実現しません。まず、コストダウンを進める目的を共有化する打ち合わせをサプライヤで開催し、双方活動の「起点」にします。コストダウンの始まりです（図4-11）。

図4-11　コストダウンの打ち合わせを開催する

② 本当のコストダウンを目指す

「かりそめのコストダウン」とは、サプライヤの利益を削り購入価格の低減が実現し、バイヤーにだけメリットのあるコストダウンです。短期的には「かりそめ」のコストダウンもあるでしょう。しかし「かりそめ」コストダウンの最大の問題は、いずれ継続できなくなる点です。サプライヤの利益を削るだけだと、そう遠くない将来に必ず限界が到来し、価格の維持や値上げにつながります。

自社とサプライヤが協力して目指すのは、発生するコストを減少させる「本当」のコストダウンです。発生費用の削減を自社とサプライヤの共通のテーマにし、双方で発生する費用全体をターゲットにトータルで低減する取り組みを実行します。こういった活動を推進するためには信頼関係が不可欠です。忘れてはならないのは、活動による具体的なメリットを自社だけでなくサプライヤにも創出する点です。サプライヤも利益率が向上すれば、活動の意議を見いだせます。この活動の前提条件として、双方の発生コストをできる限り明らかにし、協働した活動によって生じたメリットは折半か、双方が納得する方法で分配します（**図4-12**）。

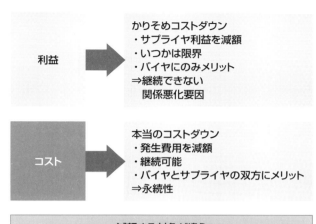

図4-12　かりそめのコストダウンとほんとうのコストダウンの違い

③　方法論とスケジュールがキー

　コストダウン打ち合わせの開催がサプライヤから了承されれば、サプライヤの基本的なコンセンサスが得られたと判断します。コストダウンとは、サプライヤとバイヤーの終わらない責務です。打ち合わせでは、コンセンサスを前提に、具体的な方法論や、スケジュールに関する討議をバイヤー主導で進めます。

　討議のなかで、コスト削減する「ネタがない」とサプライヤが発言する場面を想定します。バイヤーは、過去にどんなネタがあって、どういった方法論を活用してコスト削減を実現してきたのかについて質問します。そのうえで、今回は従来と異なる視点をもつバイヤーも協力して一緒に進めます。期日を決め、お互いがネタ出しをおこなって、次の打ち合わせで双方が検討結果を発表するといったステップで、具体的な実行内容とスケジュールを決めます。

　「ネタがない」とは、サプライヤにコスト削減に割くリソースがない、もしくはやる気がない意思表示です。暗にそういった意思表示を受けても、バイヤーがねばり強く、サプライヤが断りづらい打ち合わせを主導し、結果的に活動に巻きこみます。バイヤーは、コストダウンのネタの前に、サプライヤの関係者を巻きこむ方策を考えます。コストダウンはどんな企業であっても変わらない重要な課

題であり、サプライヤとは必ず共有する基本的な合意事項です。もし、サプライヤの認識が違っていたり、取り組み姿勢に問題があったりは、サプライヤの採用を継続するかどうかといった判断も検討します。

図4-13　サプライヤーと協力体制でのぞむコストダウン活動

6. トラブル処理では、利己的にサプライヤを守れ!

　自社とサプライヤの間でトラブルが発生したとき、どのような対応が必要でしょう。トラブルを解消し、原因究明と再発防止までおこなうには、さまざまな対処が必要です。調達・購買部門は、トラブルの発生に際しサプライヤを訪問し、対応状況の確認や、事態の打開をサポートする場合があります。トラブルが発生した場合は、早期解決による自社の利益を利己的に最優先します。自社の「利己的」な取り組みも、結果的には平常業務への復帰が、自社と同じくサプライヤにも最優先されるためです。トラブルの早期解決を、自社の都合で進めます。

① 必要性と効果のバランス

　トラブル発生直後は、多くの当事者は混乱しています。購入品のトラブル発生によりサプライヤ社内も混乱しているかもしれません。トラブルに関する情報連絡がサプライヤからおこなわれず、自社内もサプライヤの混乱から影響を受け混乱する。こういった事態に直面した経験をお持ちのかたも多いでしょう。

　サプライヤでトラブルが発生したら、自社側は調達・購買部門が中心に対処します。トラブル発生時に必要な対応はルール化していても、あらためて社内へむけて「調達・購買部門が主導的に対処する」と宣言します。サプライヤ側の混乱を、社内に波及させず、的確な情報収集とスピーディーな対応を実現するためにも、社内でコンセンサスを確立し、トラブル処理を進めます。

　サプライヤ混乱の自社内への波及は、情報管理に原因があります。サプライヤの混乱によって十分な情報提供がおこなわれず、自社内は発生した事態に関する情報が不足します。そういった状態が続くと、社内各部門から調達・購買部門に「いったいどうなっているんだ?!」と、怒号とともに問い合わせがおこなわれます。

　情報不足を解消しないと、各部門が情報収集を独自に始めてしまいます。各部門で入手された情報は統制なく発信されます。発信された情報には、事実なのか、推測なのか、いつの時点なのかといった、真偽の見極めに必要な重要な点が抜けおちています。結果的に自社内に流れる情報は、前後関係も事実関係もめちゃくちゃな内容になってしまいます。このような状態に陥ってしまうと、サプライヤ

で発生したトラブルに加え、自社内での情報管理トラブルを加え事態は更に深刻になり、解消には多大な労力が必要となってしまいます。サプライヤのトラブルで自社内が混乱しないために、初期対応では、徹底した情報管理が必要です。まず、サプライヤからの情報入手と状況確認の発信を調達・購買部門に一元化します。自社内からトラブルに関する新たな情報が寄せられた場合は、情報を入手した時間と、入手もとを合わせて確認します。最新の事態を掌握し、関連部門と常に共有化します。そのうえで、自社の対処に必要な情報が不足していると判断した場合、サプライヤ訪問を決断します（図4-14）。

図4-14 サプライヤにトラブルが発生したら

サプライヤのトラブル発生時にバイヤーが訪問するのは、余計な負荷をサプライヤに強いて、結果的にトラブルの解消の妨げになってしまいます。トラブルの解消に集中してもらうためにも無用の訪問は避けます。しかし、トラブル発生以降、経過時間を合わせ考えても十分に情報開示されない場合は、ちゅうちょなくサプライヤに押し掛けます。混乱しているサプライヤを訪問するかどうかの判断は、自社内でサプライヤの実情をもっとも理解している調達・購買部門にしかできません。

②　サプライヤ守る覚悟

　サプライヤでトラブルが発生すると、納期や品質は厳守すると同時に、発生原因や再発防止策に関する報告書を求めるケースがあります。トラブルの解消、復旧だけでも負荷は増大しています。調達・購買部門は、サプライヤの対応人員をみて、優先順位を設定し、サプライヤだけでなく、自社内にも展開します。優先順位の設定は、今やらなくてよいことを決定する意味を持ちます。こういった形でサプライヤを守るのは、普段の貢献に感謝して大目にみるといった意味ではありません。サプライヤのリソースで、本当にできるのかどうかを判断する。そのうえで、同時進行が無理な場合に優先順位を設定します。仮に優先順位を設定せずに、一時的にすべて対処しますとサプライヤから合意を取りつけても、実行がともなわなければ新たな混乱を呼ぶ原因となってしまいます。

　こういった対応は、自社の関連部門からみればサプライヤ側の立場で、あたかもサプライヤを守っているように映ります。そんなときは、自社内へ「サプライヤを守るのは、自社のメリット追求であり利己的な目的だ」と明言しましょう。まず、混乱を脱し、事態を打開して当面の問題を解決する。早期の解決で、もっとも被害が少なくなるのは、自社であり、同時にお客さまへの被害の最少化につながります。サプライヤと良好な関係を守るためではなく、利己的に自社のメリットのために、サプライヤを守ります（図4-15）。

図4-15　利己的にサプライヤをかばう

③ 原因究明と再発防止

　トラブル発生による当面の危機を脱すると、ひとまず安心できます。しかし、そのままで対応を終わらせてはいけません。どんな仕事でもトラブルをゼロにはできません。しかし、同じトラブルを再び発生させない対策を施して初めてトラブル対応は終了します。再発防止策まで完了するのがバイヤーの責務です。具体的には、次の三つのプロセスで進めます（**図4-16**）。

（1）発生原因の明確化

　まず、なぜ発生したのかその原因を明確にします。なぜ自社の要求内容が達成されなかったのか。調達・購買部門は、事前に要求内容が満足させられると前提して発注したはずです。不具合の発生は当初目的の未達成であり、発注前の判断が誤りだった可能性があるのです。どんな不具合でも、必ず理由があります。原因究明はサプライヤだけでなく、自社の発注プロセスも含めて見直しをおこないます。

（2）再発可能性の検証

　原因が明確になったら、再発可能性を検証します。これは、再発防止するかどうかではなく、再発防止策の度合いを判断するために活用します。発注品が特殊で、再び発注可能性が少なく、他の製品への波及性も少ない場合と、類似仕様品があって、発注頻度も多い場合は、再発防止策の深度が変わります。基本的には、発注頻度にかかわらず根源的な原因を明らかにして、徹底的な再発防止対策をおこなうべきです。

　しかし、再発防止策の徹底にもコストが発生します。再発を防止するために発生するコストの妥当性を判断するためにも、どの程度の確率で再び発注するのか、再発する可能性があるのかを検証しましょう。類似品を含め、再発可能性が高いと判断されれば、ちゅうちょせず抜本的な対策をおこないます。

（3）具体的改善の実行とフォロー

　原因が判明し、再発可能性もある場合は、時間をおかずに具体的な再発防止対策を実行します。具体的な実行内容を自社とサプライヤ間で共有して、スケジュールを明らかにします。すぐに同じ、あるいは類似の発注をおこなっている場合は、対策前か後かを明確にして、対策前の場合は、不具合品の再流出を防止する対処を別におこないます。

また、再発防止策が完了したら、発生した不具合に応じて、完了状況の確認をおこないます。トラブルの発生はやむを得ないとしても、再発は顧客からの信頼を失い、結果的に自社の顧客満足に大きく影響します。調達・購買部門といえども、顧客の存在を強く意識して、サプライヤへの対応をおこないます。

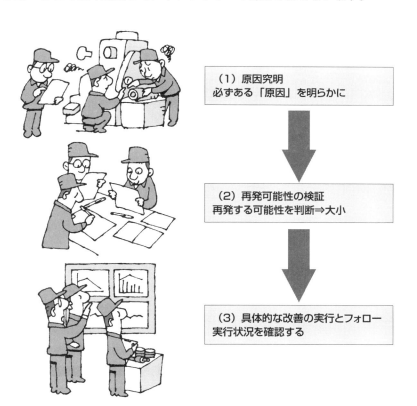

図4-16　トラブル対応の三つのプロセス

7. 納期を繰り上げるとき

バイヤーにとって手間のかかる納期遅延トラブル。短納期対応を強いられる調達・購買現場では、頻出するトラブルが悩みの種です。短納期のニーズそのものはやむを得ません。しかしリードタイムには、最低限必要となる時間が存在します。もし同じ購入品で、繰り返し納期トラブルが発生しているなら、自社の発注プロセスも視野に入れて発生原因を究明し、再発防止に取り組みます。サプライヤにだけ対策させるのは、関係悪化や購入価格アップに至る可能性があります。納期問題は価格問題に直結する意識を持って発生防止に取り組みます。

① 遅れの原因を理解する

納期遅れが発生した場合、どんな原因が考えられるでしょうか。調達・購買部門にもたらされる情報は「納期遅れ」であり、大抵の場合はサプライヤの原因とされます。しかし現実は、サプライヤからの納入が自社の希望日におこなわれない、あるいはおこなわれそうにない状況です。調達・購買部門は、まず事実関係を調査します（図4-17）。調査の対象は、自社の関連部門も含めます。本当の原因を明らかにして、以降の対応方針を決定します。最低限の調査内容は次の通りです。

（1）発注日：自社が注文書を発行した日時
（2）設定納期：サプライヤが納入する期日
（3）発注前の調達リードタイム設定（自社とサプライヤの双方に確認）

まず、自社内で（1）〜（3）を確認し、最後にサプライヤに調達リードタイムを確認します。これら確認をおこなった段階で、発注日から設定納期までの日数よりも調達リードタイムの日数が多い場合、サプライヤ起因の納期遅れではないかもしれません。遅れた原因の理解は、納期遅れの原因を明確にする作業です。原因が明確ではない段階で、サプライヤに対し「納期遅れだから繰り上げて」と申し入れるのは慎みます。原因がわからないと、依頼するスタンスが大きく異な

図4-17　本当の原因がわかるまでは「サプライヤ原因」にしない

ってくるのです。サプライヤに原因があれば、当然繰り上げを「指示」できます。しかし、少しでも自社に要因があるなら、納期繰り上げを「お願い」しなければなりません。対応に大きな違いが生まれるのです。

　また、設定された納期は、発注後に繰り上げられていないか。発注日以降に発注内容が変更されていないかといった点も合わせて確認します。ポイントは、調達・購買部門が認識している発注日が、調達リードタイムの起算日でよいのかどうかです。調達・購買部門が認識している発注日以降に、発注内容の見直し、図面や仕様書の改定があった場合には、調達リードタイムに影響を与えた可能性があります。見直しや改定は自社の要望反映なのか、サプライヤの要望か。改定時に、リードタイムへの影響は確認されたのかといった点を明らかにします。

　自社内で希望日に納入されない事態は、サプライヤの納期遅延と判断されがちです。今後の対応方針を決定するために、必ず自社の経緯も明らかにします。納期遅延の解消をサプライヤにごり押しで対応させるにも限度があります。過去の経緯をすべて明らかにして、納期遅れを解消するためにも社内に協力を要請しましょう。

② 納期遅延を解消する

　原因が明らかになったら、サプライヤに納期繰り上げを申し入れます。納期遅れの発生原因によって、申し入れ方法が大きく異なります。**図4-18**のCase1～3は、原因は異なるものの、納期を繰り上げなければならない必要性は同じです。Case1では、調達リードタイムのカウント方法が違います。Case2は、日数そのものが違っていました。Case3だけが双方とも同じ理解でした。サプライヤ側の生産工程を分解して、個別の工程で短縮可能性を模索します。

　納期短縮は、通常の工程と比べて追加費用が発生します。誰が負担するのかは、明確になった原因によって決定するとして、納期遅延の解消を優先させます。また、同時に社内工程も確認します。サプライヤに責任がある場合は、なかなか自社内関連部門の理解が得られない場合もありますが、調達・購買部門がサプライヤに変わって、対応の不備をわび、再発防止策を実行すると明言して対応を要請します。最終的に守るべきは、自社顧客との契約納期です。

	Case 1	Case 2	Case 3
(1) 発注日	1月10日	1月10日	1月10日
(2) 設定納期	1月30日	1月30日	1月30日
(3) 調達リードタイム（自社認識）	20日（カレンダー）	20日（カレンダー）	20日（カレンダー）
(4) 調達リードタイム（サプライヤ認識）	20日（稼動日）	30日（カレンダー）	20日（カレンダー）
納期遅延原因	事前リードタイム設定ミス	事前リードタイム確認ミス	サプライヤ納期遅れの可能性

⇒納期遅延の原因がサプライヤにある可能性はCase3のみ
（カレンダーは週7日換算、稼動日は週5日換算）

図4-18　サプライヤから「2月6日に納入します」と連絡があった場合

③ 誤ったセオリーの活用を見直す

　在庫ゼロを目指した極小ロットの多頻度納入や、サプライヤの生産リードタイムを無視した、一律の調達リードタイムの設定は、納期対応問題をすべてサプライヤに押しつけているに過ぎません。また、納入タイミングを日次（にちじ）ではなく時間でサプライヤに指示する場合は、自社で高度な生産管理システムが必要です。自社の管理レベルが低い場合は、効果を生まない一方的な指示となり、結果的に自社内に在庫が滞留します。社内の保管スペースの確保状況にもよりますが、自社内の仕組みにマッチしない厳しい納期設定は、最終的に発生コストが購入価格に反映されます。

　「在庫ゼロ」には、さまざまな判断基準があります。物理的な在庫ゼロを目指すのか。それとも会計的に月次決算レベルで在庫ゼロなのか。自社で目指している在庫ゼロ、在庫削減の考え方に沿って、サプライヤに納期指示をおこないます。また、在庫は諸悪の根源とみられがちですが、活用方法によっては短いリードタイム実現の武器ともなります。在庫ゼロは手段であり、目的は別にあるはずです。在庫ゼロを目的化するのは間違いです（**図4-19**）。

図4-19　在庫の活用

8. サプライヤ幹部への ご挨拶を工夫する

　サプライヤを訪問すると、普段業務には登場しない上位役職者と面談する場合があります。そういった状況にも慌てないように準備し、訪問した意義を増やす取り組みを意識しておこないます。

　上位者とは、管理者であり、企業経営の中枢に近い存在です。より企業戦略に近い業務に携わっています。そういった相手には、日常的に仕事をしている相手とは異なり、業務のレベルを意識して自社の戦略にもとづいた話をします。また、サプライヤ社内では敬意をもって扱われている存在です。顧客の立場の訪問であっても、相手への敬意を態度で示します（**図4-20**）。

図4-20 サプライヤの上位者との面談（あいさつ）

① 短時間対応を意識する

　どんな企業でも、上位役職者や幹部は多忙を極めているはずです。場合によっては、本当に廊下で立ち話といった場合もあるでしょう。しかし会議室に入って、着席した場合、5〜10分程度なら時間を割けると判断します。そのうえで、サプライヤの営業担当者が、社内で調整しやすくするための具体的な協力を要請します。重要なのは、短い時間で終わらせるとの点です。大抵の場合、上位者は挨拶のみを想定している場合が多いでしょう。長時間引き止めるのは逆効果です。自分からの話は長くても5分と肝に銘じておきます。

② ポイントを絞りこむ

　まずは自社業務へサプライヤの貢献をたたえ、お礼の言葉を伝えます。短時間の会話ですから、あれもこれも盛り沢山とするのではなく、もっとも強いニーズの絞りこみを意識します。品質なのか、コストなのか、あるいは納期なのか。今自社で一番強いニーズの実現に協力を要請しましょう。具体的なサプライヤの協力方法について、お願いするのも一案です。

　日常的にバイヤーからサプライヤの営業担当者に話をしている同じ内容を伝えます。上位者が来たからといって、普段営業担当者に話をしていない内容を伝えるのは避けます。サプライヤ内でコミュニケーションが成立しているとの前提で「いつもの話」を伝えます。

　また、自社製品の販売見通しも、相手が興味をもつポイントです。最新の市場環境分析し、どのように対応するか、その方向性を述べます。日常的に営業部門から情報収集をして、こういった事態に活用します。

　最後に、今後ともサプライヤの協力なしには、自社の事業運営は成り立たない旨を伝え、時間を割いてくださった点にあらためてお礼を述べます。

③ 自社への訪問を要請する

　お礼とともに、自社の幹部の名前を引きあいに出したり、サプライヤミーティングの開催計画を伝えたりして、自社への訪問を要請します。重要なサプライヤであれば、訪問の際に自社幹部との会食をセットして、相互理解を進めるきっかけ作りをします。話をした内容は、決して社交辞令で終わらせずに、訪問以降サプライヤの担当者に対してフォローします。

9. サプライヤの営業所・事務所へ行ってみる

　サプライヤによっては、工場とは別の自社に近い場所に、営業所といった事務所を構えている場合があります。バイヤーにとっては、サプライヤの工場が現場ですが、見積を作成し、日常的なサプライヤ担当者の拠点となる場所を、たまに訪問してみるのも、サプライヤの理解促進に役立ちます。

① 別の出張の「次いで」に訪問する

　工場が遠方にある場合は、サプライヤの顧客が多い地域に営業所や事務所を構えています。生産現場がなく、事務所には顧客を受け入れる会議室や応接室がない場合もあります。したがって、丸一日や数時間の滞在を予定して訪問するのは無理があります。

　訪問は、「次いで」におこないます。できれば、訪問した後に別の約束を設定しておくと、時間も限定されますし、相手に余計な気遣いもさせずに済みます。「時間があったので、立ち寄ったけど、挨拶してすぐに帰る」といった形の訪問をおこないます。

② 事務所の業務に関係しているメンバーを紹介してもらう

　そんな「次いで」の訪問の目的は、一緒に働いているメンバーとの名刺交換です。最近は携帯電話で、営業担当者がどこにいても電話がつながる環境にあります。しかし、そういった環境だからこそ、つながらない事態に陥った場合の影響が大きくなります。営業担当者にアシスタントがいる場合は、相手を理解すると同時に、顧客の窓口としての自分を理解してもらいます。相手の顔を知っているかどうかで、電話での対応も違ってきます。違いは、日常的な業務ではわかりません。なにかトラブルがあった場合や、営業担当者への伝言といった僅かな対応でも、他の顧客と違った対応が期待できます。

　また、サプライヤ社内への手配指示は、営業担当者を代行してアシスタントがおこなっている場合があります。メンバーの紹介を受けたら、自社の仕事のどの部分にかかわがあるのかを確認しましょう。そのうえで「なにか問題があったら、

教えてください」と一言、伝えます。自社には当たり前な点が、サプライヤには大きな負荷になっている場合もあります。そういった率直な指摘にも耳を傾け、改善できる点は実行する姿勢は、顧客の立場であるバイヤーでも、サプライヤとの良好な関係には、非常に効果的です。

③　短時間で切りあげる

　訪問は、できるだけ短時間にします。もし、時間を要するテーマがあれば、自社に来てもらうか、サプライヤの工場を訪問します。営業所や事務所は、顧客の訪問に慣れていません。そういった場所で長居するのは、営業担当者の同僚にとって迷惑になってしまいます。結果的に、訪問がマイナスに作用しかねません。したがって、営業担当者が一緒に仕事をしているメンバーの紹介を受けたら、早々にその場を辞して、次の目的地へむかいます（図4-22）。

図4-22　サプライヤの営業所や事務所を訪問する場合

サプライヤを訪問すると言っても、これだけの状況設定と、あらゆる対応を想定しなければなりません。しかしこういった対応を具体的にバイヤーに指導している企業はないでしょう。こういった対応が、世の中のバイヤーにとって当たり前であれば、調達・購買部門の地位が、社内でここまで低くはなりません。

　バイヤーがサプライヤへ訪問する場合、顧客として扱われ接待を受けるのが普通、これが社内関連部門の一致する認識でしょう。しかし、調達・購買部門にとってサプライヤ訪問は、まさに現場を知る格好の機会です。できるだけ多くの情報を入手し、やれるだけたくさんの種を蒔き、以降の業務に役立てます。自社で負担する出張費用と、サプライヤ側の対応費用以上の成果をサプライヤと協力して創出し、日常業務のなかで成果を社内へむけアピールします。こういった対応をおこなうバイヤーはまだ少数派です。だからこそ、実行する価値があるのです。

第 5 章

非日常的な状況には「対応」で差をつけ生き残る!

調達・購買部門は、多品種少量生産と短納期対応への対応と同時に、コストダウンや、環境・CSR（企業の社会的責任）を実現させなければなりません。従来は「広く浅く」と言われていました。しかし、近年対応しなければならない新たな課題は、全般的に深さを増しているうえに、新しい価値観を踏まえた対応を余儀なくされています。業務内容は拡大し、環境は厳しくなっています。

　そういった状況下では、その場しのぎではなく、業務プロセスそのものを見直し、厳しい経営環境にシステマチックに対応しなければなりません。しかし仕組みが整備するまでの間は、起こった事態への迅速な対処をおこないます。

1. 取引辞退の申し出を受けたとき

　近年の日本は、倒産によって事業が続けられなくなる企業よりも、経営者の意志で事業を辞める「休廃業・解散」する企業が多い状況が続いています。2015年のデータでも、倒産件数が8,517件に対して、休廃業・解散件数は、23,914件にものぼっています（図5-1）。供給断絶する意味で、発生する事態は倒産と変わりま

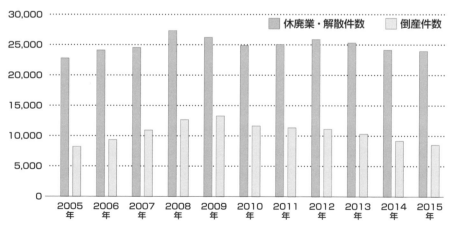

図5-1　倒産・休廃業と倒産件数推移

せん。しかし、供給断絶へと至る前段階が大きく異なります。休廃業・解散にともなう、取引が停止される事態を想定した対応を学びます。

① 休廃業・解散する理由

　企業が休廃業・解散する最大の理由は、企業経営意欲の減退です。もっとも経営意欲に影響を与えるのは、後継者不在でしょう。中小企業の経営環境は厳しく、事業運営面では新興国企業の追いあげを受け、人口減少の影響によって、将来的には従業員の確保も困難が予想されます（**図5-2**）。こういった経営意欲を減退させる要因は、あらゆる側面で顕在化します。購入しているバイヤーも訪問しコミュニケーションすれば容易に感じとれます。サプライヤの経営意欲減退で自社の事業運営を危うくさせる事態を招かないように、感じたマイナスの印象は確認し、必要に応じた対応します。

図5-2　会社経営への意欲の減退

② 事前察知方法

　休廃業・解散へと至るサプライヤは、事前にさまざまなサインを示します。最終的には突然到来する倒産と異なって、事前に申し出を受けるでしょう。その時期が問題です。供給を停止する時期によっては、安定した供給の継続が危ぶまれる事態であり、早急に代替のサプライヤを設定しなければなりません。次の三つのポイントで順番に状況を確認します（**図5-3**）。

図5-3　現場の管理状況が意味する状況を考える

（1）5S

　経営意欲の減退がもっとも顕著に表れるのが、社内の整理整頓に代表される5S管理です。これは製造現場だけではなく、オフィスにも表れます。サプライヤを訪問して、製造現場が汚れていたり、整理整頓がおこなわれていなかったりといった印象を受けた場合は、抱いた印象を率直に伝え理由を確認します。過去の訪問時と比較して汚くなった、雑然さ度合いが進んだといった過去と比較した好ましくない変化です。

　サプライヤへ確認しても、明確な理由の回答はない場合、回答者の表情を注意深く観察します。多忙をきわめており、一段落したらおこなうといった意欲を見せるのか、それともしょうがないと諦めの表情をみせるのか。回答する表情から改善意欲が感じられない場合は、当面の品質が維持されるかどうかの評価とともに、中長期の生産が維持されるかどうかの確認を進めます。

（2）従業員の平均年齢

　従業員の平均年齢は、会社の寿命とも密接に関係があるといわれています。現在日本人の平均年齢は40歳代中盤です。したがって、従業員の平均年齢が50歳に近い、それ以上の場合は、若年層の雇用状況と配属状況を確認します。サプライヤ内の各プロセスに、事業を維持するために必要となる人員は配置されているかどうかがポイントです。平均年齢が高いのはあくまでも判断基準ではなく、確認作業をおこなうきっかけです。実際の従業員の配置を確認して判断します。

3) 経営者の年齢と後継者の存在

　現場が5S視点で乱れており、従業員の平均年齢も高く、各プロセスにおける世代間の引き継ぎができる人員配置がおこなわれていない場合、サプライヤの社長や上位役職者に事業の継続意欲を確認します。これは、直接話を聞く場を設けます。意欲が減退していても、事業を辞める決断をしていない場合、問題ないと回答してくるはずです。しかし、これまで（1）、（2）で確認した内容を伝え、自社として不安を感じている旨を伝えます。意欲の有無に明確な回答がない場合は、将来的な供給継続に「不安あり」と判断します。

③　供給ソースを維持する方法

　同じ業種や製品を別のサプライヤが生産できる場合は、代替生産の可能性を模索します（図5-4）。サプライヤ同士のつながりがある場合も想定して、注意深く内々に打診します。まず、生産可否だけを確認しましょう。確証のないサプライヤの内情を、安易に別のサプライヤに伝えるのは避けます。単純に生産可否を確認します。

　同時に、自社の購入継続を達成するために、対象のサプライヤへ将来的な事業見通しを確認します。企業が継続するかどうかは、自社にだけでなく、サプライヤで働く従業員にも大きな影響を与えます。そういった点への配慮は忘れずに、しかし厳格に供給継続の可能性を確認します。こういった確認の結果、事業を継続しないと吐露された場合は、その時期を確認し自社側の準備を進めましょう。

図5-4　供給ソースを維持するために別のサプライヤに打診

2. 顧客におわびするとき

　調達・購買部門で顧客へおわびする想定は難しいかもしれません。しかし顧客からの短納期対応ニーズの高まりによって、サプライチェーンへの負荷を増大させ、調達・購買部門ではサプライヤへ納期フォローにともなう負荷を増大させています。そういった顧客ニーズへの対応の一環として、結果的に納期遅れを発生させた場合、顧客へ状況説明をおこなう機会を想定し対処法をまとめます。

① **調達・購買部門における顧客意識**

　顧客対応は基本的に営業部門の責任です（図5-5）。したがって購入品の納期問題も、まず社内の営業部門へ説明が基本的な対応です。しかし状況によって「購入品の納期管理の責任者が説明せよ」となってしまった事態を想定します。また、自社に問題がない場合、顧客が納期短縮の懇願を目的に自社を訪問する場合、最新状況の説明は、実際にサプライヤを管理し事態を掌握している調達・購買部門おこなう場合を想定します。

図5-5　調達・購買部門/サプライチェーンが持つ顧客意識

　日常的にサプライヤから「顧客」と扱われている調達・購買部門やバイヤーが、自社顧客へ対処するのに違和感を覚えるかもしれません。しかし、顧客第一の観

点からみれば、調達・購買部門が自社の顧客と直接やり取りをおこなう可能性は大いにありえますし、そういった要請にはためらいなく対応すべきです。調達・購買部門やバイヤーが仕事するのも、すべてお客さまのおかげです。そういった日常的には接点のない顧客へ感謝の気持ちをもって対処します。

② 自社の時系列認識を伝える

顧客と話をする際は、きっかけとなった事件や事象に対し、調達・購買部門でどのように対処してきたのかを時系列にまとめ、事実をありのまま理解しておきます。そして、自社内で時系列の経緯を共通認識化しておきます。

事実関係を時系列で整理すれば、納期問題の原因がどこにあるかわかります。確認結果を細かい工程を記したガントチャートを作成すれば、お客さまも理解しやすいでしょう（**図5-6**）。社内の確認で判明した事実をありのままお客さまに伝えます。既にトラブルになっている段階での対処ですから、自社に原因がある場合でも、率直にありのままを伝えます。そして自社に責のある場合はおわびをします。同時に問題を解消する具体的な対策を説明します。

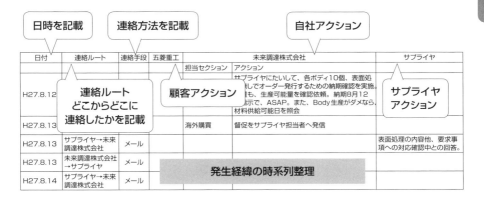

図5-6　時系列整理のポイント

③ 毅然と対処する

　どのような原因であっても、毅然とした顧客対応を心掛けます。お客さまにとって満足できない状態であっても、自分たちは満足してもらえる結果を求めて動いており、事態はすべて掌握している点を、最低限お客さまに理解してもらいます（**図5-7**）。トラブルが発生した際には、イレギュラーな対応によって、自社内が混乱している場合があります。当然、お客さまの社内も混乱しています。調達・購買部門がお客さまへうかがう、あるいはお客さまが自社へやってくる目的は、顧客社内混乱の沈静化です。問題点の解消によって、解決できていなくても、解決へ向けて事態は進行しているとの意識をお客さまと共有します。

　また、自社に原因がない場合で、調達・購買部門がお客さまの前で状況を説明する場合は、積極的に対応しているあかしとして、再発防止を目的とした原因究明をお客さまに申し入れます。お客さまは、同じく調達・購買部門かもしれません。であるならば、お客さまの社内プロセスをヒアリングして、将来的に自社で善処できる可能性を模索します。再発防止とすれば、お客さまも協力姿勢を示すはずです。同じ調達・購買部門どうしで、相互理解を深め、二度と同じトラブルを発生させない決意を示します。

図5-7　おわびの後の説明する姿勢

3. サプライヤにおわびするとき

　ビジネスにミスや間違いはつきものです。もちろん、ミスや間違いを防止し、発生させないような業務実行を実現させなければなりません。しかし、ミスや間違いをゼロにはできません。それは調達・購買部門やバイヤーにもあてはまります。やむを得ず自社の責任でサプライヤへ迷惑をかける事態を想定して対応を考えます。

① サプライヤの対応によってわかること

　自社側のミスによって引きおこされた事態によって、サプライヤへサポートを申し入れるとき、サプライヤの対応は十分に満足のいくものかどうかを確認します。自社の落ち度によって迷惑をかけたとしても、サプライヤから適切なサポートを受けられるかどうかは、普段自社がサプライヤに対しておこなっていることの裏返しです。サプライヤの自社に対する対応姿勢が直接的に反映されます（**図5-8**）。次の二つのポイントでサプライヤの対応を確認しましょう。

図5-8　自社に原因あるトラブル処理を依頼して、はじめてわかるサプライヤの本心

（1）最善・最速の対処がおこなわれているか

自社に起因するトラブルの対処でも、最終的に被害を受けるのは顧客です。自社顧客への配慮との観点で、原因や責任を越え対応がおこなわれているかどうかをチェックします。

（2）サプライヤ担当者の姿勢はどうか

自らに責任のないトラブル処理ですが、対応しなければなりません。サプライヤの担当者が、前向きにサプライヤの社内調整をおこなっているかどうかを確認します。

もし、これらのポイントでスムースな対応がおこなわれていないと感じる場合は、日常的な業務で潜在的に自社に対する不満を感じている可能性が高くなります。こういった姿勢は、日常的な業務にも影響を及ぼす可能性もあります。トラブルの処理が完了した時点で、サプライヤへヒアリングするとともに、自社の発注方法や仕事の依頼方法を見直します。また、自社からの依頼は、どんな理由でも対応すべきといった自社の高圧的な姿勢は慎まなければなりません。そういったバイヤーや自社の関連部門の姿勢が、トラブル対応で発露しているかもしれません。

② 真摯にわびる覚悟をもつ

自社に起因するトラブルによる対応ですから、依頼に際してはまず「おわび」から入ります。これは、バイヤーと営業パーソンの問題以前に、人と人との関係では極めてあたり前の行動です。しかし、実際にはこういったあたり前がおこなわれずに、対処するサプライヤが、なにか気持ちに引っかかりを感じながらおこなうケースが多く見られます。

前にも述べた通り、顧客へ迷惑をかけないとの観点では、自社の問題であっても、その解消にサプライヤのリソースが必要であれば対処すべきです。しかし、自社がわびなければならない事態は、サプライヤでも通常とは異なる特別な対処を必要とする事態でもあります。そういった日常と異なる対応を強いる相手に、できるだけ前向きに対処を促すためにも、自社に落度があったトラブル後の依頼に際しては「おわび」から入ります（図5-9）。

③ 真の協力姿勢をうちだす

トラブル処理をサプライヤへ依頼した結果によって、サプライヤのもつ本心が明らかになり、自社への対応姿勢として表われました。サプライヤが前向きに対処をおこなって、顧客への迷惑度合いも、特別対応による発生費用も最小限に抑えられたら、対応への感謝の気持ちと、同様の対処の継続をうながします（**図5-9**）。

図5-9　自社に落度があれば真摯に謝る

また、サプライヤから積極的な対応が得られずに、混乱の終息に時間を要した場合は、関係性の再構築を検討します。積極的な対応が得られなかった原因が、サプライヤでなく、自社や担当バイヤー、関連部門にある場合も想定して、自社内すべてのサプライヤへの対応を調査した上で、再構築の方針を決定します。

図5-10　トラブル対応で関係の将来性を計る

4. 記念式典に出席するとき

　創立〇〇周年や、新工場、新社屋の落成といった機会に、記念式典への招待を受ける場合があります。オーナー企業の社長にとっては、これまでの経営努力が報いられる晴れがましい場です。近年ではこういった催しもめっきり少なくなりました。しかし、開催され招待を受けた場合は、戦略的に出席すべきかどうかを判断し、将来的なサプライヤマネジメントへとつなげます。

① なぜ、セレモニーを開催するのか

　最近では、創立記念や新工場、新社屋の落成があっても、関係者を呼んで開催するイベントは減少しています。筆者の経験でも一年に一度あるかないかの頻度です。減少した背景はやはり事業と直接的に関係ない出費を避けるためです。また、派手なイベントの開催は、やはり顧客、購入側である調達・購買部門から見れば、出席しても複雑な心境に駆られる場合もあります。そういった逆風傾向がある中であえて開催する場合は、サプライヤ経営者のかなり強い意志が働いていると判断します。

　こういったイベントを開催する場合、調達・購買部門として非常に興味深いプログラムが盛り込まれている場合があります。披露するだけの価値のある設備の導入、例えば業界では最新鋭の設備を導入している場合などは、バイヤーに必要となる知識獲得にはもってこいの場面となるでしょう。

② セレモニーの利用方法

　サプライヤは、なぜ顧客を招待するのでしょうか。セレモニーの会場が閑散としていたのでは、せっかく開催した意議がありません。かえって自社の置かれた状況を、参加した関係者に悪いイメージとして残してしまいます。したがって、まず一人でも多くの関係者に出席してもらうために、関係各方面へ招待状を発送します。

　また、依存度の高いバイヤー企業、大手・有名企業の場合は招待者のなかでも「主賓」として扱われる場合もあるでしょう。その場合の出席者は、だれでもよ

いのではなく、しかるべき職位の出席を望まれていると判断します。

　こういったセレモニーの出席では、サプライヤマネジメント実践の基礎的条件である双方担当者の良好な人間関係の構築を念頭に置いて対処します。自社側も、担当バイヤーのみならず、複数の人間が時間を費やす代償を、まず人間関係の構築に求めます。自社の上位者とサプライヤの上位者に、たあいのない世間話に終始させるのではなく、取引上の問題点を自社の上位者に正しくインプットして、サプライヤの上位者への申し入れをお願いします。晴れの舞台ですから、厳しい内容であっても、伝え方には配慮を持って、対応には別の場を設定する点だけを申し入れます。

　出席するからには、お祝いの気持ちだけでなく、将来的なビジネスへつながる認識の共有化を、まず自社内でおこなって、その上で足並みをそろえてサプライヤへ対応します。

③　出席準備

　出席に際して必要な準備は、次の3点です。

（1）適切な出席者の選定

　こういったセレモニーは、サプライヤに希望する出席者を確認します。担当者でよいのか、それとも上位者がよいのか、どの程度の職位が妥当かといった話を率直に確認します。サプライヤ側に希望がなければ、担当部門の長（ちょう）として課長クラスを基本に、購入額や将来性といった自社にとっての重要度から判断して、出席者を決定します。

（2）最新状況と将来展望のまとめ

　担当者として自ら出席する場合も、上位者が出席する場合はなおさら、最新の購入状況と、将来展望をまとめます。サプライヤの上位者が一堂に会する貴重な場ですから、ありきたりの挨拶ではなく、取引における具体的な点を含めたお礼と、要望事項があれば、的確に伝える準備をしましょう。設計や技術部門には、将来的な展望、品質保証部門には、品質維持への敬意とお礼、製造部門には、納期順守への感謝の気持ちを、具体的に伝えます。

　サプライヤ側は、非常にたくさんの招待者と挨拶を交わすでしょうから、少しでも相手の印象に残る言葉を加えて、その他大勢に埋もれずに、バイヤーとして

の自分をサプライヤへ売りこみます。

(3) 出席準備

　出席に際した実務的な準備です。招待を受ける場合は、出席して祝意を示し、合わせてお祝い金や、お祝いの品を準備します。お祝い金は一万円から重要度に応じて三万円程度を準備します。また、お祝い金ではなく、相応の清酒を贈って代用することも可能です。重要なサプライヤの場合は、調達・購買部門の総意として祝電を送り、祝意を示します。こういった対応は、めったに機会がない分、失礼があるとサプライヤ側の意識のなかにいつまでも残り続けます。失礼のない対応を心掛けます。

5. 強気なサプライヤに対処するとき

　日本では一般的に顧客が強い立場を持ちます。したがって、調達・購買部門はサプライヤに対して、基本的に強く有利な立場です。しかし、そういった傾向が覆される状況も存在します。サプライヤの提供する製品やサービスに高い優位性が保たれている場合です。

　こういった場合に限らず、調達・購買部門は顧客だから無条件に強い立場を有しているとの発想を捨てます。ビジネス上の関係構築は、合意した取引条件の、円滑な履行が前提です。したがって、強気な態度が気にくわないといった感情論とは距離を置いて、ビジネスとしてフェアーな判断に基づいた対応を心掛けます。

① 要求を何でも受け入れるサプライヤを優先しない

　バイヤーにとって、難しい要求も受け入れ、サプライヤが独自の創意工夫により納入を実現してくれるのが理想です。しかし基本的なQCDの要求が高度化、厳格化し、環境対応、CSR調達といった付加的な要求もあるなかで、何もかも満足してくれるサプライヤは、実はかなり貴重な存在です。そうした貴重なサプライヤと良好な取引関係を目指すのであれば、その優位性を自社製品の優位性やサービスにどのように生かすべきかを第一に考えます。その上で、自社の要求事項を提示し、サプライヤの提示条件とのはざまで、さらに自社に優位な合意形成を目指します（**図5-11**）。

　自社の要求を受け入れてくれるサプライヤをただ優先するのは、調達・購買部門でサプライヤとの交渉を放棄している事態です。柔順な相手に自社の要求事項を押しつけるのは交渉とは呼びません。自社の事業へのサプライヤの必要性や貢献こそを評価し、バイヤー業務への貢献度合いは後まわしにします。

図5-11　サプライヤとの合意形成

② 基本的な評価軸でサプライヤの対応を評価する

　サプライヤのビジネスへの態度の強気さでよしあしを判断するのではなく、サプライヤとの交渉を通じて、取引条件を設定します。強気なサプライヤとの交渉は困難が予想され、サプライヤからの提示条件を受け入れざるをえないケースも想定されます。しかし、サプライヤから提示された条件であれば、順守されなかった場合、より強く言いかえせるネタになるはずです。

　強気に出るサプライヤにもっとも避けるべき対応は、自社の意向が働かないとして、関与の度合いを減少することです。自社の意向が働かないにもかかわらず、発注しなければならない状況は、まさに自社にはそのサプライヤが重要である証明です。他のサプライヤと同様に、日常的な取引条件の順守を注視して、少しでも条件を違えた場合は、強く善処を申し入れます。また、取引条件が順守されたら、他のサプライヤと同じように、感謝の念を持って対処し、お礼の気持ちを伝えます。

　強気なサプライヤに対して、顧客の立場だけを根拠に同じように強きに対処するのはもっとも避けなければなりません。よりよい関係性を創出するためには、強い対応だけはなく、柔軟な対処方法も活用して、自社に有利な条件を引き出せる瞬間を、虎視眈眈（こしたんたん）と狙います。

③　強気に出る根拠を突きくずす

　ところで、強気に出るサプライヤは、果たしてどんな理由で、そのような対応をとるのでしょうか。自社の要求内容ではなく、サプライヤの要求事項を受け入れてしまった場合、一気にそのサプライヤへ関与する興味を失ってしまうバイヤーがいます。こういった対応は、結果的にサプライヤの強い立場を是認し、事態の改善を放棄してしまいます。サプライヤが強気に出て、自社が受け入れざるを得ない理由を直視して、原因を明確にします（図5-12）。

図5-12　強気に出るサプライヤ

　多くはサプライヤの持つリソースには代替性がない場合です。しかし、本当に代替ソースはないでしょうか。どんな企業でも、サプライヤの探索能力は限定されています。自社で全く知らないサプライヤは、グローバル世界に目を向ければ無限大に存在し、日本国内であっても多くのサプライヤの存在をすべて理解しているとはいいにくいのです。したがって、強気なサプライヤの優位性を分析し、正しく理解して、代替サプライヤの探索を継続的におこないます。

　別の購入ソースを自社が持った瞬間、強気の立場は崩壊し、フラットか自社に有利な商談展開が可能となります。こういった取り組みは、一朝一夕には実現しません。少なくとも自社のサプライヤ探索能力で、他に代替のないサプライヤであれば、年単位の時間を費やして新規サプライヤを探しましょう。世界中を探して、唯一無二のサプライヤしかいないなんて、ありえないのです。可能性を信じて、継続的に対応します。

6. 災害に遭遇したとき

　日本は毎年さまざまな地域で、大きな天災が発生しています。自分や家族の身は、自分たちで守る意識を持って、天災に見舞われた場合を想定した準備が必要です。社内でも、サプライヤ＝社外からの来訪者を日常的に多く受け入れている調達・購買部門は、業務時間中に何らかの災害に見舞われた場合、社内に残っているサプライヤ担当者への対応策も、あらかじめ想定しておきます。自社メンバーの安全確認とともに、サプライヤの来訪者にも、非常時に最低限の安全を確保します。

①　来訪者を含めた動静確認

　天災は、ある日突然に予告なしに襲ってきます。皆さんの勤務先には、一日平均すると、どれくらいの来訪者がいるでしょうか。時期によって多少もあるでしょう。どんな企業でも、例えば業務時間中に地震に襲われた場合、自社社員の安全確認はおこないますね。来るべき事態への準備として、避難訓練をおこなって設定された避難場所に一時的に退避し安全を確保するでしょう。

　そういった非常時の行動マニュアルに、サプライヤからの来訪者は含まれているでしょうか。社内の工場や事務所のある社屋に被害があった場合、社員だけではなく、サプライヤの担当者が巻きこまれている可能性もあります（**図5-13**）。サプライヤの来訪者も、調達・購買部門だけではなく、他の部門で打ち合わせをおこなっているかもしれません。調達・購買部門における避難を要する状況では、来訪者にどうやって安全を提供するのかを含めて事前の準備をおこないます。

図5-13　社員だけではなく、調達・購買部門では来訪者の安否も確認する

② 社員と同じように扱う姿勢をもつ

　緊急時、企業では自社内の安全とともに、通勤経路の安全確認をおこなって、社員を社内にとどめるのか、業務時間であっても退社を認めるのかを判断します。一時的に社内にとどまる場合、来訪していたサプライヤの担当者にも、社員と同じように対処します。社員には、自分の席があり、フロアがあります。サプライヤには、一時的に社内用の会議室を開放して待機場所とします。また、交通機関のマヒによって、社内での待機を余儀なくされた場合は、社員と同じく飲料水や食料を提供します。こういった準備をおこなうには、一日当たりの平均的な来訪者数の掌握は非常に重要です。

　自社が災害発生時にどのように対応するかを説明する資料を作成し、サプライヤに配布してもよいでしょう。打ち合わせに際して、非常口の確認をおこなうといった、極めて短時間でできる防災意識の啓蒙（けいもう）も非常に有効です。日常的なサプライヤへの配慮が、自分達の防災意識の向上にも影響します。

③ 来訪者の判断を尊重する

　当面の危機的な状況が回避されて、安全が確保されて以降は、来訪者の意志を尊重します。自社の従業員ではないので、自社の判断と、来訪者の判断が異なる場合は、相手の意志を尊重します。ただし、周辺の情報はできるだけ的確に提供するとともに、保護してほしいとの申し出には、社員と変わらない環境を提供します（図5-14）。

　サプライヤの来訪者は、自分たちの無事を所属元や、家族に一刻も早く伝えたいとのニーズを持っているはずです。自社では同じタイミングで、さまざまな情報収集をおこなっているはずです。最近では、個人で携帯電話やインターネットへの接続手段を持っているケースが多いですが、通信手段のシェアや電源の提供も考慮しておこないます。そういった非常時にサプライヤへ配慮できるかどうかは、日常時に討議をして決めておく必要があります。自社の従業員や、サプライチェーンの現状をどのように確認するかと同時に、自社を来訪しているサプライヤへの対応内容もあらかじめ決めておきます。

図5-14　社員同様に避難をうながす

7. 考える道筋と判断

いま、日本企業は、多くの困難に直面しています。企業内で調達・購買の実務に目をむけても、従来の繰り返しではなく、新しい事態が次々と到来しています。経験に基づくだけではなく、新たな局面への対処は、正確に事態を掌握し、具体的な方法論を編み出さなければなりません。発生した事象に的確に対処するには、過去の経験によって、同じ対処をおこなうのではなく、最新の状況と重ねあわせて、最適な方法論で臨まなければならないのです。

① 事態の正しい掌握

緊急対応や短期的（半年～一年程度）、中長期的に、自社を正しい方向へと導くためには、まず置かれている状況を正しく理解しなければなりません。社内外の声の大きさや、センセーショナルな情報にまどわされないためには、落ち着いて入手した情報を整理して、いまおこっている状況＝結果が、どんな原因によってもたらされたのかを調査・分析して明らかにします。情報入手を広くおこなったうえで、できるだけ偏らずに、正しく事態を判断します。

情報を入手して以降は、落ち着いて考える時間が必要です。緊急事態では、素早い行動を求められます。そんな状況でも、焦らずに入手した情報をすべて理解して、そのタイミングで下せる最善の判断をしましょう。そのためには日頃から、過去の経験のみに依存した意志決定をするのではなく、過去と異なるポイントが意志決定におよぼす影響を踏まえて、経験と最新状況を合わせて考えるクセをつけておきます。

② 考える「道筋」の入手

考えるためには、経験をそのまま今の状況へ適用させるのではなく、経験から結果を導いた決定的な要素を理解しておきます。ビジネス上の、過去の多くの事例が研究され、多くの企業で試された結果、セオリーとして確立されています。セオリーは文献を参照して学ぶこと可能です。セオリーには、適用して成功した事例なども紹介されています。セオリーは、方法論をそのまま自社に適用できま

せん。事例に登場する企業と自社が同じ経営環境に置かれていると判断できる場合でも、100%の合致などありえません。セオリーを深く理解して、自社に適用できる部分と、そうでない部分を分割して活用方法を見極めます（**図5-15**）。

近年、注目される企業に学べと、業務の実例を紹介する文献が数多く出版されています。調達・購買部門でもそういった成功事例には学ぶべきです。しかし、多くの企業では、おう盛な販売に裏打ちされた強い調達力を背景にしているケースが多く見られます。成功している企業は、社内に多く存在する各部門の中で、一部門の活躍による大きな成果で成功しているのではありません。各部門が役割分担の元で、各部門において成功しているからこそ、企業として総合的に成功しているのです。したがって、調達・購買部門が他社の事例を参照する場合には、調達力を除いた部分で、サプライヤにどのようなアプローチをしたのか、あるいは社内の関連部門とどんな協業を実現させたのか、を読み取ります。

図5-15　分析したデータにもとづいてセオリーと合わせ考える

③　経験が役立つかどうかを判断する

　すべての企業は、年間で一回経営サイクルを回します。直面した事態に際して、過去にも同じような事例があったと思い起こされる場合もあるでしょう。そんなときは、当時のメールのやり取りを一度読みかえしてみてください。受信メールだけではなく、自分が送信したメールも含めて、当時の状況を思い返します。経験の活用とは、同じ方法論を採用するのではありません。類似した状況に再び直面し、経験を成功体験と失敗経験に分割し、成功体験を持つに至った原因を明らかにした上で、今回も同じ方法論が適用できるかどうかを判断したうえでおこなわなければなりません。どんな業務経験であっても、経験を貴重なノウハウへと昇華するためには、成功や失敗へと至る、決定的な要因の見極めが不可欠です。

　例えば、過去の事例と類似した事態に直面した場合に当時のメールを読み返す際、置かれた環境まで似ているかどうかはわかりません。したがって、当時のメールを読み返して「あれ、どうしてこうしたメールを返信したんだろう」と疑問に感じた点がポイントです。なぜ、そのように感じたのかを深く掘りさげて考えます。経験として蓄積されていなかったプロセスの、重要な基点となる要素が隠れているかもしれません。直面している事象と、過去の経験の置かれた環境の違いが作用しているかもしれません。当時は気づかなかった重要なポイントが、今更ながら認識できるかもしれません。認識できた点は、今回の直面している問題解決に生かします。

第 6 章

〈資料編〉
見積依頼・交渉準備

1. 見積依頼

① 見積作業の前に

　あるトラブルが発生しました。見積範囲、条件についてサプライヤと自社の双方の思い違いで、当初の見積金額より大きく上回ってしまう見通しとなってしまったのです。上回ってしまった金額に関するサプライヤとの最終的な話し合いを前に、担当バイヤーがこう言いました。

「(サプライヤへ) 図面は送りましたよ」

　図面を送られたサプライヤからは、普段購入をしていませんでした。そういった相手の状況とは関係なく、日常的にコミュニケーション頻度の高いサプライヤと同じ方法である「図面のみを送って見積依頼」をしてしまったのです。
　確かに、多くの調達・購買部門では、図面のみを送付し、一言「見積願います」と書き加えた見積依頼は一般的です。
　見積依頼は、非常に重要かつ購入の第一歩となるバイヤー業務です。長期的な取引関係にあるサプライヤは、図面のみを送ったり、電話で購入実績のあるアイテムの軽微な相違点のみを伝えたりすることで、見積依頼は事足りるかもしれません。しかし図面のみを送る方法は、あくまでも日常の取引関係によって、見積依頼に必要なさまざまな条件が双方の共有認識になっているからこそ可能な手段です。見積依頼は、サプライヤがコスト積算に必要なさまざまな情報を伝えなければなりません。

　今回第6章〈資料編〉として説明する内容は、日常的に数多くの見積依頼をおこなっているバイヤーに、新たな業務を増やすものではありません。もし見積依頼する内容が、サプライヤとの間で不明確な場合、サプライヤにはすべて「リスク」として判断され、見積金額にプラスに作用します。また、見積依頼内容について、言った/聞いてないといった不毛な話し合いを抑止するために、少なくとも見積依頼時にバイヤーがルーティン作業として確認しなければならない内容を

網羅しました。過去に文書で確認をおこなったサプライヤであれば、「前回と同じ」と見積条件を設定すればよいでしょう。見積依頼をする都度、これから説明する内容が「正しく網羅されているか」の確認をお勧めします。事前の確認によって、後々のトラブル発生を抑止するのです。

　見積作業における問題は、調達・購買部門以外の部門で作成される資料（図面、仕様書）が適切なタイミングで入手できない点です。そういった点は調達・購買部門から、購入要求部門へのサポートも必要です。

　見積依頼に必要な内容で、不明確な点があれば、その部分を「未確定」とか「後報」と規定します。またこの部分はこれまでの納入条件と同じとか、サプライヤ側の標準的な条件でといった形で、調達・購買部門で取りあえず決められる内容で明確にしておきます。サプライヤから提案を求める場合には、自社で指示した内容か、それともサプライヤからの提案かを明確に判別できるようにします。

　見積依頼は、できる限り最短の時間で処理しようとするはずです。見積依頼しなければならないのに、資料が貧弱な場合など、正直バイヤーとしてモチベーションも維持できません。

　しかし、できる限り見積依頼内容を明確にするのは、適切な金額で購入するための第一歩ですし、後々のトラブルを抑止するための重要なプロセスです。もし見積依頼資料が貧弱であれば、サプライヤへ見積依頼できないと購入要求部門へ押し戻す覚悟も必要です。そもそも買いたいものが不明確なのに、見積が入手できるでしょうか。そして、不明確な状態で入手した見積書にどのような意味があるのかを、購入要求部門へ問い掛ける覚悟も必要です。

　また見積金額は、自社からの見積依頼の内容を金額に換算して表しています。見積金額を「高い」と評価する前に、自社の見積依頼の内容が適切であったかどうかの検証も必要です（**図6-1**）。

　見積依頼に必要な各事項を、毎回サプライヤに明示する意味は、見積作業の漏れのない標準化につながります。頻度の多い作業ですから、見積内容の的確なサプライヤへの伝達と、効率化による短時間作業の両立を目指します。

サプライヤから提示された見積金額が高かった場合、見積依頼に高くなる要因がなかったのかを振り返って考える

図6-1　見積依頼内容の検証の重要さ

② 見積依頼に必要な記載内容（見積依頼内容）

見積依頼書に必ず記載すべき個々の内容に関して解説を加えます。まずは、自社からサプライヤに対して依頼する見積の内容を明記します。

（1）購入仕様（対象製品名および弊社品番、仕様書、図面番号）

見積依頼する具体的な製品の内容を明らかにします。バイヤー企業内での呼称を明記し、見積依頼の段階で、発注時に使用する品番、部品番号が決定していれば合わせて明記します。

（2）購入量

購入量を記載します。購入量の記載は、購入の全容を明らかにします。「全容」とは、
・1回限りの購入なのか、それとも継続的に一定期間購入するのか
・一定期間購入する場合の1回あたりの購入数量と購入総数見通し
といった内容を明記します。そして、数量が単なる見通しで、バイヤー企業とし

て数量を保証しないか、あるいは最低購入量を明示して、数量を保証するかをできる限り明らかにします。

（3）希望する納期（リードタイム）

希望する納期がある場合は、具体的な日時や、リードタイムを明記します。

（4）納入条件（納品場所）

メーカーの場合「自社納品場所」である場合が多いでしょう。国内外に納品場所が分散する場合は、納入場所までの輸送コストを算出するためにも、具体的な場所（住所）を明記します。

（5）品質条件（保証期間）

品質マネジメントシステム（ISO9000）の必要性や、要求する保証期間を明記します。

（6）支払条件（期日、手段）、特別な要求

支払条件や、ここまでに明記した以外に、特別にサプライヤに伝えるべき内容を明記します。特に過去の見積実績と今回の見積依頼の内容で、大きく異なる点があれば明記します。例えば、これまでの実績では、バイヤー企業への納入だったけれども、今回の見積依頼は納入場所が異なるとか、バイヤー企業のお客様の要求事項で、サプライヤでも立ち会い検査があるとかいった内容です。

（7）発注先決定までのスケジュール

これは、サプライヤへ見積作業時間の見通しを伝える目的と、バイヤー企業内の検討プロセスをバイヤーが管理しているとサプライヤに伝える目的があります。検討スケジュールに変更があった場合は、サプライヤに速やかに連絡します。同時に、不幸にして見積案件の購入がなくなってしまった場合も、サプライヤへ連絡します。実際、こういった取り組みまでおこなうバイヤーは少ないのが実情です。だからこそ、そういった連絡をおこなって、他のバイヤーとの差別化を実現します。

（8）見積提出希望日

これはバイヤー企業内の作業日程を考慮して設定します。

見積作業にも一定の時間を要します。短納期化の要求によって見積作業期間が短くなる傾向はあります。しかし、見積作業に費やす時間が短ければ、それだけサプライヤ側でも詳細の検討ができません。それは、最終的には見積価格に「リスク」として追加されると理解します。

(9) 見積に必要なサプライヤ提示資料

　見積とともに、バイヤー企業での詳細検討用に必要な資料があれば、ここに明記します。例えば部品類であれば、取り合い、部品間の干渉が検討できるような外形寸法がわかる資料とか、納入仕様書といった内容です。しかし、ここであまり多くの資料を要求してしまうと、見積作業がサプライヤによって過重な負担になります。見積作業でサプライヤはコストを発生させますので、むやみにさまざまな資料を要求すべきではありません。バイヤー企業の要求内容を満足しているかどうかを最低限確認できる資料にとどめる配慮が重要です。

(10) 見積依頼問い合わせ窓口

　問い合わせ窓口は、
・調達購買部門
・購入要求部門

の双方の担当者名を明記します。また、ここでは調達購買部門と購入要求部門の情報の共有化を維持するために、双方への連絡をサプライヤへ申し入れます。メールやFAXであればさほど難しくありません。気をつけなければならないのは電話のやり取りです。これは、できるだけ記録に残る方法によるコミュニケーションを、サプライヤと購入要求部門へお願いするとともに、見積提出がおこなわれていない段階では、サプライヤ、社内ともに経過を確認して、状況の掌握に努めます。

　この10項目以外に加え、見積依頼内容によって打ち合わせの要否を判断します。見積依頼の内容が複雑、もしくは多岐にわたる場合は、見積依頼したサプライヤにすべて同じ条件で打ち合わせを設定します。

　また、サプライヤの側から打ち合わせ開催の申し出があった場合には、打ち合わせの討議内容を他のサプライヤにも連絡して、依頼内容の同一性を確保します（図6-2）。

（会社名）御中
（セクション名）
（担当者名）様

（バイヤー企業名）
（所属セクション名）
（担当者名）

件名：お見積依頼

毎度お世話様です。下記及び添付の通り必要資料をお送りいたしますので、お見積をお願い申し上げます。なお、お見積作業およびご提出に際しては、下記記載内容に即してご対応いただきますよう、お願い申しあげます。どうぞ、よろしくお願いします。

記

1．お見積依頼内容
（1）購入仕様（対象製品および弊社品番、仕様書、図面番号）
（2）購入量：
（3）希望する納期（リードタイム）：
（4）納入条件（納品場所）：
（5）品質条件（保証期間）：
（6）支払条件（期日、手段）、特別な要求：
（7）発注先決定スケジュール：
（8）見積提出日：
（9）見積提出に必要な必要な添付物（明細）：
2．連絡事項
（1）購入仕様は添付資料（文書番号×××、図面番号○○○）をご参照ください
（2）発注先決定は×月×日までにおこなう予定です
（3）発注先決定に際しては、お打ち合わせをお願いする場合があります。
（4）このお見積依頼に関してのお問い合わせは、
　　　要求仕様：（セクション名）（氏名）
　　　　　　　（電話番号）
　　　　　　　（メールアドレス）
　　　見積依頼全般および見積条件、ご提出日について
　　　　　　：（セクション名）（氏名）
　　　　　　　（電話番号）
　　　　　　　（メールアドレス）
　　　までご連絡をお願いします。
　　　メールでお問い合わせの際は、上記2名の両方にご連絡をお願いします。

以上

自社の発注品、自分の担当品特性に応じた見積依頼フォームを作成する

図6-2　見積依頼フォーム

2. 交渉準備

① 交渉の「準備」とは？

「交渉は実行前に成否が決まっている」

　こんな言葉があるほどに、交渉実行の前段階となる「準備」は重要と言われています。成功する交渉には、正しい準備が必要です。では、理想的な交渉の「準備」とは、いったいどのようなものでしょうか。

　まず理想的な交渉について考えます。理想的な交渉は「交渉している実感のない交渉」です。「交渉をしているつもりはないけど、自社の希望どおり、あるいは希望に近い条件、また従来と異なるバイヤー企業が希望する条件で購入が実現する状態」です。こういった交渉スタイルの実現には、日常的に交渉準備し、常に交渉が実践できる状態を維持しなければなりません。

　「日常的な交渉実践」と正反対の例として、交渉する日時を指定し、準備をするケースを想定します。「日常的な交渉実践」とは、サプライヤの担当者との面談だけでなく、電話やメールでのコミュニケーションのすべてが「交渉」です。日常的に自社（バイヤー企業）に有利な発注条件で決定するための細かな対応を積みかさねます。あらかじめ「日時」を決める場合、なにか具体的に「交渉しなければならないトピック」が存在するはずです。多くの場合は価格でしょうか。調達・購買の現場では、「交渉」と「価格交渉」をほぼ同じ意味合いで使用するバイヤーがほとんどです。しかし「交渉」の対象は「価格」だけではありません。サプライヤとの交渉によって決定すべき内容は、QCDと称される品質、コスト、納期や、発注内容や提出資料といった要求内容まで「多岐」にわたります。

　「多岐にわたる交渉」といっても、同じトピックを長期的に交渉するわけではありません。調達・購買部門が購入実現までに決定しなければならない個別のトピックには、適切な交渉の「タイミング」が存在するのです。

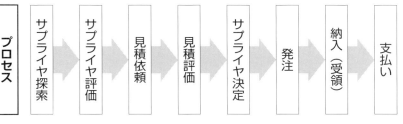

図6-3 「サプライヤ採用〜選定、発注〜支払い」のプロセスと交渉タイミング

　図6-3の上側「プロセス」は、サプライヤの探索から、発注し購入代金を支払うまでのプロセスを表しています。下側の「交渉タイミング」は、次の「見積依頼でサプライヤに提示しなければならない項目」のそれぞれにたいして、どのタイミングで確認し、確定させるべきかを表しています。

　これらの内容は発注前には必ず決定しなければなりません。しかし、何もかも発注前に一括して決定する必要はありません。

　事前に決定できる内容は、どんどん決定していく、これが日常的な交渉実践のポイントです。ここから、見積依頼に必要な項目を、果たしてどのタイミングで交渉すべきなのかについて確認します。

（1）購入仕様（仕様書、図面）
（2）購入する量（購入する期間）
（3）希望する納期（リードタイム）
（4）納入条件（納品場所）

この4点は、見積依頼をする時点で実現、あるいは対応可能かどうかを確認し判断した上での見積依頼とします。もし未確認要素がある場合には、見積依頼の前に確認が必要です。

（5）品質条件（保証期間）

これは自社（バイヤー企業）の要求レベルと、サプライヤの管理レベルが合致するかどうかの事前確認が必要です。上記（1）～（4）と同じタイミングの確認でも構いません。

（6）支払い条件（期日、手段）、特別な要求

自社（バイヤー企業）の標準的な条件が適用できるかどうかを確認するとともに、サプライヤから特別な要求の有無を考慮します。取引基本契約を締結する場合には、必ず網羅する内容です。

（7）発注先決定スケジュール

これは（3）との兼ね合いで事前確認します。

（8）見積提出日

見積依頼から提出までの期間も、サプライヤの対応能力の評価対象です。自社（バイヤー企業）の要求に対応できるかどうか。対応できない場合の対処も検討します。

（9）見積提出に必要な添付物（明細）

バイヤーが見積を評価するためサプライヤからどんな資料が提示されるか、見積書に含まれる資料を見積依頼時に確認します。見積明細は含まれるのか、参考図面や、仕様書は提出されるのかといった点です。

ここまでの内容を決定して初めて購入価格の交渉が可能となります。調達・購買部門がおこなう「発注」は、（1）～（9）までの事項をすべて決定した上で、最終的に希望条件に見合う価格を決定します。「日常的な交渉」とは、多岐にわたるトピックを個別に一つずつ決定し、交渉の最終プロセスで討議するトピックを絞りこむ狙いがあります。

日常的な交渉の実践は、その経緯の正しい掌握が重要です。交渉相手であるサプライヤとの基本的なポジショニングの確認には「交渉前提条件確認シート」（図6-4）によって、基本的なサプライヤの現状を確認します。交渉進捗の確認は「交渉チェックリスト」（図6-5）を活用して、進捗状況の「見える化」をおこない、

案件名		○×△工業向　□□□ユニット
目指すべき交渉結果		営業利益10％確保するために設定された予算　××××千円 発注後2ヶ月で納入完了
交渉決裂時の対応案		予算と納期は、納期優先 現在の発注先候補サプライヤは2社（坂口機工と、石塚テクニス、どちらかに発注） リードタイムギリギリまで交渉
交渉関係者	サプライヤ	坂口機工:坂口社長、長谷部部長、四宮担当 石塚テクニス:石塚社長、池田課長
	自社	中島部長、赤岸課長、牧野

自社

経緯・背景	
主張	
強み	
弱み	
譲歩ポイント	
妥協点	
譲歩限界点	

サプライヤ

経緯・背景	
主張	
強み	
弱み	
譲歩ポイント	
妥協点	
譲歩限界点	

図6-4　交渉前提条件確認シート

案件名		○×△工業向　□□□ユニット
目指すべき交渉結果		営業利益10%確保するために設定された予算　××××千円 発注後2ヶ月で納入完了
交渉決裂時の対応案		予算と納期は、納期優先 現在の発注先候補サプライヤは2社（坂口機工と、石塚テクニス、どちらかに発注） リードタイムギリギリまで交渉
交渉関係者	サプライヤ	坂口機工:坂口社長、長谷部部長、四宮担当 石塚テクニス:石塚社長、池田課長
	自社	中島部長、赤岸課長、牧野

1. 交渉の論点は?
□ 品質条件
□ 価格条件
□ 納期・納入条件
□ 要求仕様条件
□ 付帯条件

2. 交渉出席者
自社:
サプライヤ:
□ 交渉者の「格」は一致しているか

3. 交渉実施場所は
□ 自社　商談スペース
□ 自社　応接室
□ サプライヤ
□ その他の場所

4. 交渉前情報収集状況
□ サプライヤにとって自社は重要か
□ サプライヤ担当者の自社の売上げ割合は
□ サプライヤ担当者の性格は理解しているか
　　□ 強気　□ 弱気　□ 実直　□ 抜けが多い
□ サプライヤの担当者は、サプライヤ社内で
　人望があるか
□ 交渉の場に意志決定者は同席するか
□ 価格査定結果　　　　　　円
□ 実績購入価格　　　　　　円
□ 予算　　　　　　　　　　円

5. 交渉結果の見通し
□ 自社に有利
□ サプライヤに有利
□ 合意点は
　　□ 見えている
　　□ サプライヤは理解している
　　□ 合意にはほど遠い

図6-5　交渉チェックリスト

関係者にも周知します。

ここで、前記で述べた（1）〜（9）と発注金額までの項目を一括して交渉する場合、どういった問題があるかを考えます。まず、最終交渉までに未確定な条件を残しておくと、どうしても発注価格とトレードオフする要素になってしまいます。バイヤーからの価格要求を受け入れる代償として、他の要素での譲歩を求められる可能性が残ってしまうのです。

価格交渉では、譲歩する要素を排除し交渉に集中します。価格だけは自社（バイヤー企業）の要求金額で決定したものの、結果的に他の要素でサプライヤに譲歩したのでは、おこなわれた交渉に意議はあるでしょうか。希望価格の決定を調達・購買部門だけの「部分最適」としてはなりません。前記（1）〜（9）＋購入価格までを踏まえた総コスト評価の観点で「全体最適」を目指し、決定するための交渉プロセスを構築します。

② 過去の交渉結果や交渉に至る経緯の分析方法

交渉見通しが不透明となる典型的な交渉は、過去の交渉経緯や交渉相手に関する情報がない場合です。交渉相手も同じく情報を持っていなければ、お互い手探りの交渉となるか、あるいは荒っぽい交渉となるのか、全く結論が読めません。バイヤーとしてもっとも避けるべき状況は、自分が相手を知らないのに、相手は自分をよく知っているケースです。そんな状況で「交渉相手は、いったいどこまで知っているんだろう」なんて思いが頭をかすめた瞬間に、その交渉は大きく劣勢を強いられます。

基本的に、調達・購買部門とサプライヤとの間には「情報の非対称性」が存在し、購入対象に関する情報は、サプライヤが多く持っています。したがって交渉準備段階の「情報の非対称性」を解消する取り組みが重要となり、それにはサプライヤ担当者の話をまず聞かなければなりません。

そして、サプライヤの担当者の話をしっかり聞くのと同じく重要な交渉への準備が「過去の交渉結果や交渉に至る経緯の分析」です。交渉結果や経緯の分析には「交渉分析用5W1H」を使用します。一般的な5W1H[※]とは少し違いますので、注意してください。

（1）いつ　When
（2）誰が　Who

(3) 誰と　With Whom
(4) どこで　Where
(5) 何について　What about
(6) どのように　How

※一般的な5W1HはWho（誰が）What（何を）When（いつ）Where（どこで）Why（なぜ）したのかHow（どのように）

　一般的な5W1Hと異なる点は、(3) 誰と（with whom）(5) 何について（What about）です。

　まず、交渉では「相手は誰か」は、非常に重要な要素です。交渉した相手が、サプライヤの社内でどれほどの影響力を持っているのでしょうか。影響力が大きければ、交渉の席上での発言は、重く受け止める必要があります。交渉の後、すぐに発言内容への対処を開始すべきです。

　一方で、これまでの実績や経緯から判断して、さらに上位者と話をすれば、事態打開が図れる可能性がある交渉者の場合は、上位者をどのように交渉の席に引きだすかが次の課題になります。企業には決裁権限に関する基準が存在します。営業であれば、利益率で決められていたり、受注額で決められていたり、様々です。交渉者が誰かを分析する場合は、交渉相手の決済基準や、担当者への権限委譲の状況によって判断します。したがって、オーナー社長との交渉以外、組織構造を持っている場合には「誰が交渉者か」との視点を持って、対処方法を検討しなければなりません。ここで、あるべき調達・購買部門の交渉者像を探ってみます。

　交渉相手であるサプライヤの担当者は、我々を交渉者としての「値踏み」をおこなっています。判断基準は「交渉結果の実行力を持っているかどうか」です。したがって、サプライヤとの交渉では、「自分が最終決裁者です」と、サプライヤから判断されなければなりません。サプライヤから実行力を疑われると、サプライヤからギリギリの提案を引きだせない可能性が高まります。自らの実行力をどのようにサプライヤに理解してもらえばよいのか。こういった部分は日常的な積み重ね、日々のコミュニケーションで構築されます。

　続いて、交渉分析用5W1Hから読み取る内容です。過去の交渉は、結果はどうあれ、すでに決着しているはずです。結果の良し悪しではなく、なぜ、決定（決

着）したのかに着目します。交渉を合意した「きっかけ」は、なんだったのかを読みとります。交渉分析用5W1Hの六つの要素の影響力が大きかった点を探しだして、決着へと至る仮説を構築します。これから臨む交渉で、おなじような意志決定がおこなわれるかわかりません。しかし、過去の決定したプロセスは、必ず参考となる内容が含まれています。交渉した相手、納期と交渉日の関係、価格レベルといった、これからおこなう交渉でも同じようなプロセスを踏む可能性があれば、参考にします。

また「交渉分析用5W1H」は、サプライヤとのコミュニケーションの記録としても活用できます。私は次のようなメールを自分宛てに発信して、サプライヤとのやりとりを記録に残しています（図6-6）。ポイントとなる打ち合わせは、記事録を残すべきです。しかし、ちょっとした電話やメールでの確認、立ち話といった僅かなコミュニケーションも残します。

```
From：牧野直哉
To：牧野直哉

題名：未来調達研究所

いつ    2015年7月11日
誰が    牧野
誰と    野牧さん
どこで   電話
何について  先週もらった見積の工数確認
どのように  17.85時間と回答
```

図6-6　自分宛にメールで記録を残す

コミュニケーション頻度の高いサプライヤ名や担当者名は、単語登録しておき、「いつ誰が誰とどこで何についてどのように」も「い」で単語登録し、内容を短く記載したら改行して、自分宛てにメールを送っています。こういった記録のメリットは、交渉の席上で過去の経緯を持ちだす際です。

「前に、こうおっしゃいましたよね？」

これは、記憶が根拠ですね。いつですか？なんて逆襲に弱いです。しかし、

「7月11日に電話で、野牧さんは見積もり工数について17.85時間とおっしゃいましたよね」

と、メールの内容を見た上での発言が、内容の信憑（しんぴょう）性を高め、相手からの反論の選択肢を狭め、言ったかどうかではなく、本質的な議論が可能です。もちろん、自分だけでなく、発言した相手に確認のメールの発信も、同じ効果を持ちます。最近では、ほぼ全員オフィスの席にはパソコンがあるはずです。電話を受けた、あるいはサプライヤとの面談の後は、数十秒～数分を費やして、こういった記録の蓄積にもパソコンの活用をおすすめします。

③ 交渉シナリオの作成

「交渉は水物だ（出たとこ勝負）」では、シナリオは書けません。しかし、シナリオ作成には次の三つのメリットがあります。

（1）自分に有利な、ゴールの明確な認識

シナリオ作成は、自社（バイヤー企業）にとって有利なゴール設定がないと作成できません。シナリオの作成の第一歩は、ゴールを設定して、交渉者である自分がゴールを明確に理解します。交渉は水物です。しかし、当初設定するゴールは、目指すべき方向としてクリアにし、水物にしてはならないのです。

（2）交渉途中のベンチマーク

交渉シナリオは、交渉の最中に有利/不利を判断するベンチマークとしての役割としても活用できます。複数の出席者によって議論が拡散した場合、状況判断の基準は設定したゴールです。ゴールから遠いポイントで白熱した議論でなく、近いポイントへの誘導をおこなったり、合意可能性を計ったりする場合にも必要です。

（3）交渉ロールプレイの実行

ロールプレイとは、疑似体験を通じて、ある事柄が実際に起こったときに適切

に対応できるようにする学習方法です。有利で理想的なゴールを設定し、交渉相手を納得させ最終的な合意を得るためにどう話すでしょうか。どうやって交渉の第一声を発するかから想定してみてください。シナリオは、想定問答の文書化です。「想定」ですから相手がいません。したがって、できる限り自社に有利な主張を展開します。そして「相手の反応は？」を、自分で導きだします。この部分で、日常的なコミュニケーションや、サプライヤマネジメントの実践による、サプライヤ＝交渉相手の理解を最大限活用します。

　これまでに述べた三点により、議事録を交渉前に作成するのも、よいアイデアです。しかし、いきなり「シナリオ」と言われても作成できません。一つの方法として議事録の体裁で作成します。一般的な議事録の記載内容は次の通りです。

・交渉実施日時
・実施場所
・出席者　自社/サプライヤ
・合意内容
・サプライヤ主張の論点
・討議内容
・今後のスケジュール

　七つの項目のうち、「討議内容」以外は、交渉前であっても書けます。日時や実施場所、出席者は、予定をそのまま明記します。合意内容は、自社（バイヤー企業）にとって有利なゴール。サプライヤ主張の論点は、自社（バイヤー企業）に有利なゴールを実現する場合に生じるサプライヤのデメリットとなる部分。今後のスケジュールは、交渉に合意した場合の実行スケジュールです。残された「討議内容」では、どのような準備が必要でしょうか。

④　効果的な「質問法」

　討議内容を考える中で重要なポイントは、サプライヤの主張に対して、どのように反応するのかの事前検討です。より多くの質問を準備して、サプライヤの出席者により多く話をさせ、十分な情報入手をおこないます。実際「討議内容」を考え、想定問答をおこなうと、交渉に至る前に十分な情報収集しているつもりで

も、さまざまな疑問が浮かびます。そういった内容は、交渉の中で質問します。

　質問をする際の注意点は、次の4点です。
・最終的なゴールを忘れない
・目的はサプライヤから多くの情報を引き出す
・話をさせてサプライヤに「満足感」を与える
・多くの情報から「矛盾点」の発見し交渉を有利に運ぶための「切り口」にする
　バイヤーのおこなう質問は、次のプロセスで「型」を作ると、たくさんの質問ができます。たくさんの質問の中から、その場に最適な質問内容を取捨選択します。

（1）質問の5W1H
Why：理由をたずねる
What：問題点をクリアにし、相手に考えさせる
Who：人についてたずねる
Where：場所（生産地、国）についてたずねる
When：時間の前後関係についてたずねる
How：方法や感じ方、感想を訪ねる

（2）オープン質問／クローズ質問を使い分ける
　オープン質問は、答えは相手に委ね、会話を広げ、サプライヤ主導で回答を導き、クローズ質問は、Yes/No、もしくは二者択一で、バイヤー主導でポイントを絞る、決断を迫ります。

（3）質問はシンプル/的確/1回に1つ
　できるだけシンプルに答えられる質問を選び、オープンクエスチョンは「度合い」が重要です。回答する側（がわ）の選択肢が多すぎても回答に窮し、質問する側（がわ）も、想定問答が難しくなります。

　最後に、質問した後、サプライヤが質問に答える場面の対処方法です。相づちや、回答内容をメモします。回答内容は、とても重要な内容で、真剣に聞いていますとのアピールです。回答によっては、質問の主旨と違っていたり、回答としては不十分であったりもするでしょう。バイヤーにとって不満を感じるポイント

です。しかし、その不満を態度で示してはなりません。質問の主旨を再度伝えたり、違った角度から質問したりして、言葉で、問題点としてサプライヤに伝えます。具体的な対応が、交渉を自社に有利に進めるのです。

⑤ 交渉TPOの設定

TPOとは、Time（時間）、Place（場所）、Occasion（場合）の頭文字をとって、「時と場所、場合に応じた方法・態度・服装等の使い分け」の意味です。交渉におけるTPOには三つのポイントがあります。

（1）交渉する場所はどこか？

調達・購買部門における交渉の場合、多くは自社でおこなわれるはずです。サッカーで言えばホームゲーム。ホームゲームは一般的にホーム側に有利とされています。しかし、サプライヤは常にバイヤー企業での交渉を強いられており、調達・購買の交渉では、自社（バイヤー企業）で交渉といっても、場所による優位性はありません。逆に、自社（バイヤー企業）でおこなう交渉で、形勢不利では、事態は深刻だと受け止めなければなりません。

問題はアウェイ＝サプライヤでの交渉です。サプライヤを訪問して交渉をおこなう事態も想定しなければなりません。しかし、交渉場所が、自社（バイヤー企業）かサプライヤかで、交渉準備や交渉実践に違いはありません。同じように＝平常心での交渉を心掛けます。

バイヤーがサプライヤを訪問して交渉する場合、重要なのは「タイミング」設定です。自社（バイヤー企業）で、再三交渉をおこなったとの前提条件を踏まえ、最終的な交渉妥結するための訪問交渉を想定します。この場合は、交渉の総仕上げであり、最後のひと押しのタイミングになります。自社（バイヤー企業）でおこなう交渉よりも、より確実な見通しを持って交渉をおこないます。

（2）交渉出席者は誰か？

交渉前は、自社（バイヤー企業）とサプライヤの双方で、出席者の確認をおこないます。サプライヤの出席者は、次のポイントは必ず確認します。

・いつもと同じか、違うか
　日常的にやりとりしている担当者以外に出席者がいるかどうかで、対応を変化

させます。例えば、サプライヤの上位役職者が出席すると、事前に連絡を受けた場合は、目的を確認します。単なる表敬なのか、それとも別の目的か。「当日、部長から説明します」といった事前回答で、バイヤーに状況が想定できない場合は、自社（バイヤー企業）には悪い方向性での準備をするべきです。

・サプライヤ出席者に「意志決定者」が含まれるか

　ここで「意志決定者」について考えます。一つ目はサプライヤ社内ルール視点です。近年では、内部統制の厳格化の流れを受け、株式上場企業の場合、決裁者ごとに、決定できる金額が設定されています。10万円以下だったら、主任・係長クラス、100万円以上なら課長、1000以上は部長、2000万円以上は調達・購買担当役員といった形です。交渉相手であるサプライヤのこういった基準を理解するのも、意志決定者の見極めに役立ちます。

　もう一つは、社内への影響力視点です。サプライヤの中には、交渉をすべて担当者がおこなう場合があります。これは取引金額が少ない場合がある一方で、サプライヤの担当者が、上司や社内の信頼があり仕事をまかされている場合もあります。一つ目のサプライヤの社内ルールの中で、担当者が調整力や影響力を持っているケースです。この場合、自社（バイヤー企業）にとってのサプライヤの意志決定者が、イコール担当者であると考えます。

・双方の出席者のバランスはとれているか

　これは、出席者の職位です。出席者の役職レベルを気にする人も、自社（バイヤー企業）、サプライヤの双方に存在します。サプライヤの部長が出席しているのに、自社（バイヤー企業）側から、役職なしの担当者だけの出席だと、サプライヤの部長が気分を害してしまう場合などを想定した対処です。こういった部分は、次に述べる「配慮」との側面もあります。サプライヤの上位者が来訪する場合は、事前に出席者のすり合わせをしておきます。

（3）交渉相手への配慮

　例えば、夏場にサプライヤと自社（バイヤー企業）で交渉する場合、どのような配慮が必要でしょうか。著者がもっとも気にするのは、交渉する場所の温度設定です。自分が使用する直前まで誰かが使用していたのであれば、空調もコントロールされているでしょう。しかし、誰も使用しておらず空調の電源が切られている場合は、あらかじめエアコンのスイッチを入れておきます。

　特に交渉内容がサプライヤにとって不快な内容の場合、少しでも不快となる要

素の排除が狙いです。

⑥ 主交渉者の設定（複数出席の場合）

　企業の調達・購買部門で働く、多くの読者の皆様は、サプライヤとの交渉に自社の複数のメンバーと出席するケースも多いと思います。今回は、自ら担当するサプライヤとの交渉に、自分以外のメンバーが同席する場合、どのような準備をもって交渉に臨むかを確認します。

　ポイントは二つあります。一つは、交渉の席上で、いったい誰が主に話をするかです。複数のメンバーが出席する交渉では、サプライヤ側も複数の出席を想定します。一般的には、職位の一番高い出席者が主に話をします。この場合、サプライヤと交渉の全容を知る担当者として、どのような準備をおこなうべきでしょうか。

　まず、交渉に至る経緯をすべてレポートの形にまとめ、出席する全員に配布・周知します。その上で、担当者としての交渉の見通しも合わせて報告します。これは、担当者よりも大きな権限を持つ上位者が、交渉の席上で合意した場合、それが自社（バイヤー企業）としての意志決定となる場合を想定した対応です。担当者として持っている情報は、すべて提示・共有した上での上位者の意志決定をサポートします。

　もう一つは、主に話をする人以外の出席者へ、すべての情報の共有です。出席者すべてが同じ認識の元に、交渉相手であるサプライヤに、一体感をもって対峙（たいじ）します。

　そして、複数のメンバーが同席し、上位役職者がいるにもかかわらず、担当者が主に話をする場合です。これも、交渉に関する一切の情報を同席するメンバーに周知して理解を求めます。重要な交渉であれば、事前に交渉内容の説明をおこなう場を設けるのも一案です。

　複数メンバーが出席する交渉では、交渉内容の認識がメンバー間で統一されているかどうかが重要です。交渉は発言の一つひとつが、交渉結果に影響をおよぼします。交渉内容を事前周知せず、理解の浅いままで出席すると、思いつきの発言が交渉内容に大きな影響を与えます。同席者の思いつきの発言によって自ら想定した結論とは違う方向へ交渉が進んでしまった。そんな経験を一度でもお持ちのかたは、意外に多いのではないでしょうか。

想定外の発言が、交渉内容に大きな影響をおよぼすのは、自社（バイヤー企業）だけでなく、サプライヤ側も同じです。したがって、交渉の席上でサプライヤ側から複数出席する場合は、誰が主交渉者なのかを見極めると同時に、他の交渉出席者の、交渉内容の理解度合いを確認するのも重要な手法です。もし、交渉内容への理解がない、もしくは浅い場合、自社（バイヤー企業）側に有利な発言を引きだす狙いを持って、より多くの発言を求めます。

　自社（バイヤー企業）側から複数出席する場合は、全員の理解をコントロールし、同一とするのが最低限の準備です。自社（バイヤー企業）からの想定外の不利な発言を抑止して、自社（バイヤー企業）の身内を確実に身方にします。交渉の席上では、複数出席者間の意志の乱れは弱みになります。逆に、意志統一は強みとなります。

⑦ゴールの設定

　自分一人の交渉であっても、複数が出席する交渉であっても、到達するゴールは明確に設定しなければなりません。過去の交渉経緯を踏まえ、到達可能なゴールの設定をおこないます。当然、ゴールに幅を持たせてもOKです。「交渉は、やってみなければわからない」との理由で、ゴールを設定しないのは、ただの「成り行き任せ」になります。

　「交渉」をおこなう際に、実行者として持つべき意識は、勝負にこだわるというより、プロセスのコントロールです。プロセス全体をコントロールして、自社（バイヤー企業）に好ましい結論へと導きます。交渉のプロセスでは、時に不利な状況にも追い込まれるでしょう。しかし、ゴールが明確で、不利な度合いが、自社（バイヤー企業）にとって著しい場合は、その場での交渉を保留して、結論を先送りする選択も可能となります。こういった選択には、明確なゴールの設定とともに、冷静な交渉状況の判断も必要です。

　交渉の「ゴール」に必要な要素は、次の3点です。

（1）購入条件（価格、品質、仕様充足度合い等）
（2）交渉結果の受け入れ可否
（3）交渉合意後のスケジュール

⑧ 交渉後の振り返り（反省）

　交渉をおこなったら、交渉の席上で交渉相手との次なるアクションを確認すると同時に、交渉プロセス全体をコントロールするとの観点から、次の四つのポイントで、必ず自分でもふり返って、問題点と再発防止の取り組みをおこない、来るべき次なる交渉に備えます。

（1）ゴールの到達度合い確認

　これまで述べたとおり、事前に設定した、具体的なゴールの到達度合いを確認します。どの部分が、どれくらい未達成なのかをクリアにします。未達成を直視するのは、バイヤーだけでなく人にはもっとも難しい取り組みです。しかし、自社（バイヤー企業）を代表しておこなった交渉ですから、バイヤーのパーソナリティ以外の要素も多分に相まって交渉結果があります。ここは、第三者的に冷静な分析をおこないます。

（2）交渉のクローズ／オープン判断

　ゴールの到達度合いによって、引き続き交渉するのか、それとも交渉を終える（クローズするのか）を決定します。費用対効果を踏まえて、これ以上継続しても事態の改善が見こめないといった判断も必要です。不本意な結果で、何も得られない交渉であったかといえば違います。将来的な交渉に、不本意な結果へと至った理由を分析して、次回違った結果を求めればよいのです。

（3）ゴール未達の場合の原因究明と対策立案

　なぜ、ゴールできなかったのか。ゴールできない原因は、自社（バイヤー企業）にあるのか、それともサプライヤにあるのか。原因を明確にして、自社（バイヤー企業）の取り組みを明らかにして次回の交渉に備えます。サプライヤに原因がある場合も想定されますが、その場合でもサプライヤだけ改善するのでなく、自社の主張を改めて文書で申し入れるといった自社（バイヤー企業）のアクションを決めます。

（4）今後のスケジュール決定

　これからも交渉を継続する場合は、次なる打ち手の準備に要する時間を踏まえて、次回交渉までの具体的なアクションを計画します。時間的な猶予がある場合は、時の経過を有効に活用した策を検討します。交渉当事者双方に冷静さが必要な場合は、時の経過が効果的です。

●著者紹介

牧野直哉（まきのなおや）

大手重工業メーカーで発電プラントの輸出営業を経験後、資材部へ異動し調達・購買業務に従事。外資系機械メーカーで、アジア太平洋地域のサプライチェーン管理を経験。現在は、調達・購買業務改革講師、未来調達研究所株式会社取締役、神戸大学大学院経営学研究科非常勤講師。神戸大学ではトップマネジメント講座の調達購買分野を担当。会員数８００名の「購買ネットワーク会」の代表幹事（２００７～２００９）。など、企業での活躍はもとより、メディア・公的機関の多彩な仕事をし、多くのフォロワーをもつ異色の講師。

『ほんとうの調達・購買・資材理論』主宰。『ほんとうの「調達・購買」実践マニュアル-社内の「まあいいや」業務を変える知識とノウハウ-』『大震災のとき！企業の調達・購買部門はこう動いた』『調達・購買"戦略決定"入門』(日刊工業新聞社)、『調達・購買の基本とコスト削減がよ～くわかる本』（秀和システム）など著書多数。

メールアドレス：makinonaoya@future-procurement.com
ホームページ「未来調達研究所」：http://www.future-procurement.com/
Twitter：@ryomaskmt

製造業の現場バイヤーが教える
調達・購買部門の〈業務力向上〉完全ガイド　NDC 336

2016年6月22日　初版1刷発行　Ⓒ著　者　牧野　直哉
　　　　　　　　　　　　　　　発行者　井水　治博
　　　　　　　　　　　　　　　発行所　日刊工業新聞社
　　　　　　　　　　　　　　　　　　　東京都中央区日本橋小網町14番1号
　　　　　　　　　　　　　　　　　　　（郵便番号103-8548）
　　　　　　　　　　　　　　書籍編集部　　電話03-5644-7490
　　　　　　　　　　　　　　販売・管理部　電話03-5644-7410
　　　　　　　　　　　　　　　　　　　　　FAX03-5644-7400
　　　　　　　　　　　　　　URL　http://pub.nikkan.co.jp/
　　　　　　　　　　　　　　e-mail　info@media.nikkan.co.jp
　　　　　　　　　　　　　　振替口座　00190-2-186076
　　　　　　　　　　　　　　本文デザイン・DTP――志岐デザイン事務所（矢野貴文）
　　　　　　　　　　　　　　本文イラスト――小島サエキチ
　　　　　　　　　　　　　　印刷――新日本印刷

定価はカバーに表示してあります
落丁・乱丁本はお取り替えいたします。
2016 Printed in Japan
ISBN 978-4-526-07580-3　C3034

本書の無断複写は、著作権法上の例外を除き、禁じられています。